Integrieren leicht gemacht

So integrieren Sie sich und andere in Familien, Teams, Vereine, Gruppen und Kulturen

Marion Sonnenmoser

Hinweise und Haftungsausschluss

Dieses Werk ist urheberrechtlich geschützt.

Das Buch wurde sorgfältig gemäß dem aktuellen Kenntnisstand verfasst. Dennoch übernimmt der Autor keine Gewähr für die Aktualität, Korrektheit, Vollständigkeit oder Qualität der bereitgestellten Informationen. Er ist jedoch bemüht, Änderungen des Kenntnisstandes zeitnah in das Buch aufzunehmen.

Impressum
Copyright © 2016 Marion Sonnenmoser
Alle Rechte vorbehalten.
ISBN-10: 1532933312
ISBN-13: 978-1532933318
Amazon Createspace

Dr. Marion Sonnenmoser
Rosenstr. 12
71696 Möglingen
Internet: integrieren-leicht-gemacht.jimdo.com

Inhaltsverzeichnis

iii

Vorwort

Jeder Mensch muss sich im Lauf seines Lebens in zahlreiche Gruppen integrieren, zum Beispiel in eine Familie, ein Arbeitsteam, einen Verein, eine Schulklasse, eine Nachbarschaft, eine bestimmte Gruppe oder in eine Kultur. Dieses Buch richtet sich an Personen, die sich selbst oder andere in eine Gruppe integrieren möchten. Es beschreibt 25 Grundhaltungen und Strategien in alphabetischer Reihenfolge, die bei der Integration helfen können.

In jedem Kapitel werden zunächst einige Erkenntnisse aus Psychologie, Philosophie und Soziologie über Gruppen im Allgemeinen dargeboten. Es folgen allgemein gültige Empfehlungen, wie man sich selbst integriert („sich integrieren") bzw. andere Personen integriert („andere integrieren"). Es wird dabei von der „Gruppe" und dem „Neuling" gesprochen, wobei es Aufgabe des Lesers ist, die beiden Begriffe entsprechend seiner Situation und Interessenslage zu ersetzen, zum Beispiel durch „Familie" und „neues Familienmitglied", durch „Arbeitsteam" und „neuer Kollege" oder durch „Kultur bzw. Gesellschaft" und „Neubürger". Im Literaturverzeichnis finden sich Bücher und Fachzeitschriftenartikel, die näher auf die 25 Grundhaltungen und Strategien eingehen.

Begleitend zum Buch bietet folgende Website weitere Informationen und Tipps zum Thema: **integrieren-leicht-gemacht.jimdo.com**.

1

1 Anpassung

Anpassung ist in vielen Bereichen des Lebens und in zahlreichen Situationen erforderlich. Eine Gruppe kann nur funktionieren, wenn jedes Mitglied sich anpasst. Personen, die unbedingt „ihr Ding durchziehen" wollen, d.h. nur ihren eigenen Gesetzen und Vorstellungen folgen, können nicht Teil einer Gruppe werden und werden von Gruppen auch nicht aufgenommen. Sie bleiben alleine und müssen als Einzelkämpfer durchs Leben gehen.

Eine Gruppe erfordert es, dass zwar jeder er selbst bleibt, sich aber gleichzeitig an die Regeln und Normen der Gruppe hält, sich in einem gewissen Grad zum Wohl der Gruppe zurücknimmt und sich im Sinne der Gruppe verhält – auch wenn dies bedeutet, dass er nicht immer seinen Willen bekommt, Abstriche machen und Kompromisse eingehen, etwas akzeptieren oder dulden, nachgeben, sich anders verhalten, sich ändern oder auf etwas verzichten muss. Dafür bekommt er jedoch auch viele Vorteile, die ihm die Gruppe bietet.

Ein Neuling sollte sich so weit wie möglich an die Gruppe anpassen, aber die Gruppe sollte sich auch an den Neuling anpassen.

Anpassung bedeutet weder für den Neuling noch für die Gruppe Dominanz, Unterwerfung oder Selbstaufgabe, sondern besteht aus Geben, Nehmen und Aufeinander-Zugehen, von dem alle Beteiligten profitieren (Forsyth 2013, Rink et al. 2013).

3

Sich integrieren

Seien Sie generell flexibel und anpassungsbereit. Mit dieser Haltung werden Sie viele Herausforderungen erfolgreich meistern.

Es ist ein Balanceakt, einerseits man selbst zu bleiben und sich andererseits anzupassen. Das gelingt nicht immer. Trotzdem sollten Sie unbedingt versuchen, es so gut wie möglich hinzubekommen – denn das ist Ihre Eintrittskarte und Ihre Bleibegarantie in der Gruppe.

Informieren Sie sich also über die formalen und informellen Regeln, Gesetze und Normen der Gruppe. Merken Sie sich diese gut, und halten Sie sie ein, denn das ist eine Form der Anpassung.

Als Neuling müssen Sie sich fast kompromisslos an die Gruppe anpassen, auch wenn Ihnen einiges unverständlich, wenig sinnvoll oder sogar schlecht erscheint. Sie können das später vielleicht noch ändern oder die Gruppe wieder verlassen, aber solange Sie noch dabei sind, erst einmal in die Gruppe hinzukommen, sollten Sie nicht lautstark zweifeln und kritisieren.

Fallen Sie nicht auf, und spielen Sie sich nicht in den Vordergrund, sondern schließen Sie sich ruhig und unauffällig der Gruppe an.

Erwarten Sie nicht, dass die Gruppe sich an Sie anpasst. Das kommt vielleicht später noch, aber erst einmal sind Sie am Zug, sich einzufügen.

Passen Sie sich so an, dass die Gruppe reibungslos weiterbestehen kann. Der Gruppe muss es mit Ihnen gut oder sogar besser gehen. Wenn es klappt, geht es Ihnen dabei auch gut, ohne dass Sie sich selbst verleugnen zu müssen.

Andere integrieren

Sorgen Sie dafür, und fördern Sie es, dass Ihre Gruppe stets anpassungsfähig ist und bleibt.

Seien Sie bereit dazu, sich ein Stück weit an den Neuling anzupassen. Er bringt Eigenschaften mit und schafft Bedingungen, die eine Anpassung möglicherweise erforderlich machen. Sie brauchen sich dafür zwar nicht verbiegen, sondern sollten sich treu und als Gruppe konstant bleiben, aber es wird Ihnen auch nicht schaden, wenn Sie sich Ihrerseits ein Stück weit an ihn anpassen.

Ermöglichen Sie einem Neuling die Anpassung. Informieren Sie ihn über die Regeln, Normen, Gesetze, Mechanismen, Geschichte und Ziele der Gruppe.

Motivieren Sie den Neuling dazu, sich in die Gruppe einzufügen, indem Sie ihm die Vorteile aufzeigen, zur Gruppe zu gehören.

Bieten Sie dem Neuling zahlreiche Mittel und Möglichkeiten, sich anzupassen.

Fordern Sie den Neuling zur Anpassung auf. Erwarten Sie, dass er sich der Gruppe anpasst.

Betrachten Sie Anpassung von beiden Seiten als etwas Positives.

2 Erwartungen

Erwartungen bestimmen oft das Denken und Handeln. Sie stehen im Raum, obwohl sie nicht immer bewusst sind oder offen ausgesprochen werden. Erwartungen können nützen und schaden, fördern und bremsen.

Die Gruppe und der Neuling erwarten etwas voneinander. Die Gruppe erwartet zum Beispiel, dass sich der Neuling einfügt und ihr von Nutzen ist. Sie erwartet auch, dass er ihr nicht schadet und keinen Ärger macht. Der Neuling erwartet von der Gruppe unter anderem, dass sie ihn aufnimmt und voranbringt und ihn nicht ablehnt oder ignoriert. Er hofft, dass es ihm Vorteile bringt, zur Gruppe zu gehören.

Erwartungen beeinflussen die Interaktion zwischen Gruppe und Neuling. Wenn die Erwartungen beider Seiten teilweise oder ganz erfüllt werden, finden Gruppe und Neuling problemlos zusammen (Berdik 2012, Jussim 2012).

Sich integrieren

Machen Sie sich klar, was Sie von der Gruppe und von Ihrer Zugehörigkeit zur Gruppe erwarten. Überlegen Sie, ob die Erwartungen realistisch und erfüllbar sind.

Erwarten Sie nicht zu viel von der Gruppe. Hegen Sie keine hohen Erwartungen an Ihre Gruppenzugehörigkeit. Stellen Sie anfangs keinen Ansprüche, und geben Sie sich auch mit wenig zufrieden. Denn wenn Sie klein und bescheiden in Ihrer Erwartungshaltung anfangen, können Sie kaum enttäuscht werden.

Lassen Sie sich überraschen, und nehmen Sie alles dankbar entgegen, was die Gruppe Ihnen zukommen lässt.

Freuen Sie sich, wenn die Gruppe und Ihre Gruppenzugehörigkeit Ihren Erwartungen entsprechen oder sie sogar noch übertreffen.

Versuchen Sie, herauszufinden, was die Gruppe von Ihnen erwartet. Versuchen Sie, die Erwartungen zu erfüllen oder sogar noch im positiven Sinne zu übertreffen.

Andere integrieren

Machen Sie sich klar, was Sie von sich bzw. der Gruppe und dem Neuling erwarten. Überlegen Sie, ob Ihre Erwartungen zu hoch oder zu niedrig, realistisch und erfüllbar sind.

Erwarten Sie nicht zu viel vom Neuling, etwa dass er Ihnen enorme Vorteile bringt oder die Situation Ihrer Gruppe wesentlich verbessert. Erwarten Sie von ihm einfach nur, dass er sich einfügt, sich an die Regeln und Gesetze der Gruppe hält und beabsichtigt, etwas zu ihrem Wohl beizutragen. Das können Sie ihm auch mitteilen.

Je geringer Ihre Erwartungen an den Neuling sind, desto geringer ist auch der Druck, den der Neuling seitens der Gruppe zu spüren bekommt, desto freier kann er sich entwickeln und desto weniger werden Sie enttäuscht.

Erwarten Sie vor allem Positives und kaum Negatives vom Neuling. Machen Sie sich immer wieder bewusst, dass Ihre Erwartungshaltung Ihr Denken und Verhalten beeinflusst. Wenn Sie vor allem Positives erwarten, vermitteln Sie dies in positiven Worten und Gesten, und der Neuling wird in positiver Weise darauf reagieren – so ist allen gedient.

3 Flexibilität

Flexibilität ist fast überall erforderlich. Denn in allen Bereichen des Lebens ändert sich ständig etwas, und wer flexibel ist, kann sich entsprechend anpassen und wird nicht daran zerbrechen. Das Gegenteil von Flexibilität ist Rigidität, also das sture Festhalten an Gepflogenheiten. Im positiven Sinne geht damit Bewahrung von Bewährtem einher, im negativen Sinne bedeutet es, sich nicht ändern zu können und zu erstarren.

Flexibilität ist für alle Gruppen wichtig. Schließlich kann niemand voraussehen, was kommen wird. Um sich an Veränderungen anpassen zu können, ist es notwendig, dass eine Gruppe prinzipiell bereit ist, sich immer mal wieder umstrukturieren und neu auszurichten.

Viele Gruppen unterliegen jedoch dem Prinzip der Trägheit. Sie haben sich in ihrem Umfeld eingerichtet und an Verschiedenes gewöhnt. Sich zu verändern bedeutet für sie Aufregung, Unruhe und Anstrengung. Freiwillig und ohne Zwang sind sie dazu nicht unbedingt bereit. Hinzu kommt, dass Gruppen ihre Pfründe wahren wollen. Sie wollen ihre Rechte und Besitztümer verteidigen und keinen Abstieg oder Nachteil erleiden, schon gar nicht durch einen Neuling.

Daher erwarten sie eher Flexibilität von einem Neuling als von sich selbst. Die Integration eines Neulings in eine Gruppe funktioniert aber nur, wenn sich beide als beweglich, wandlungsfähig und änderungsbereit erweisen (Kumar 2016, Vlaeyen 2014).

Sich integrieren

Erwarten Sie nicht zu viel Flexibilität von der Gruppe, zu der Sie gehören möchten. Machen Sie sich klar, dass es Gruppen gibt, die sich mit der Einbindung neuer Mitglieder schwer tun, und andere, die darauf eingestellt sind und Übung darin haben, auf Änderungen unterschiedlicher Art flexibel zu reagieren und zum Beispiel neue Mitglieder aufzunehmen.

Rechnen Sie damit, dass Ihre Gruppe – zumindest anfangs – wenig flexibel ist und sich nicht so schnell darauf einstellt, dass Sie zu ihr gehören möchten. Seien Sie nicht enttäuscht, wenn sich in der ersten Zeit kaum etwas verändert und Ihre Einbindung in die Gruppe nur schleppend vorangeht.

Versetzen Sie sich in die Lage der Gruppe. Versuchen Sie, sie zu verstehen. Fragen Sie sich, was es für Sie – wenn Sie die Gruppe wären – bedeuten würde, dass Sie plötzlich flexibel sein und sich auf einen Neuling einstellen müssen, wo dies bisher nicht gefordert war.

Freuen Sie sich, wenn die Gruppe sich flexibel zeigt, sie rasch aufnimmt und sich so verändert, dass Sie Ihren Platz in der Gruppe finden können und gut darin zurechtkommen. Erweisen Sie sich dafür erkenntlich.

Reagieren Sie selbst flexibel auf verschiedene Vorgaben und Bedingungen, die die Gruppe festlegt. Trennen Sie sich von festen Vorstellungen und Erwartungen, was die Gruppe und Ihre Integration angeht. Analysieren Sie stattdessen die aktuelle Situation, stellen Sie sich auf Änderungen ein, und machen Sie jeweils das Beste daraus.

Seien Sie generell bereit, sich zu ändern, anzupassen und auf Neues flexibel zu reagieren.

Andere integrieren

Flexibel zu sein und zu bleiben ist für Sie und Ihre Gruppe sehr wichtig. Denn die Welt ist ständig im Wandel begriffen. Wer flexibel ist, sichert sein Bestehen.

Überlegen Sie, wo Sie und Ihre Gruppe starre Haltungen und Regelungen aufweisen. Überdenken und ändern Sie sie eventuell. Hinterfragen Sie in regelmäßigen Abständen Ihre Regeln, Gesetze, Einstellungen und vieles mehr.

Seien Sie stets zu Änderungen und Anpassungen bereit. Entwickeln Sie fortwährend neue Ideen, lassen Sie Innovationen zu, und setzen Sie Verbesserungsvorschläge um.

Üben Sie sich in der Kunst, einerseits Bewährtes, Praktisches und Nützliches zu erhalten, Kontinuität zu zeigen, Traditionen und die eigene Identität zu wahren sowie Positives zu schützen und zu stärken, und andererseits offen und flexibel für Veränderung, Anpassung, Fortschritt und Innovation zu sein.

Stellen Sie sich darauf ein, einen Neuling in Ihre Gruppe aufzunehmen. Seien Sie bereit, dafür in einigen Bereichen flexibler zu sein als Sie es vielleicht bisher waren.

Erwarten Sie vom Neuling, sich auf die Gruppe einzulassen und sich allgemein als flexibel und änderungsbereit zu erweisen.

Solange Gruppe und Neuling flexibel bleiben, gibt es für alle eine gemeinsame Zukunft.

4 Freundlichkeit

Freundlich zu sein kostet kaum etwas, bringt aber viel. Ohne ein gewisses Maß an Wärme, Empathie, Entgegenkommen, Großzügigkeit und Interesse für andere geht es zwar auch, aber vieles fällt leichter und geht schneller, wenn alle freundlich miteinander umgehen.

Je formaler eine Gruppe organisiert ist, umso weniger Freundlichkeit ist nötig, damit sie funktioniert. In einer Gruppe, in der es nur wenige oder keine klar festgelegten Hierarchien, Positionen, Machtbefugnisse, Sanktionsmöglichkeiten, vertragliche und rechtliche Regelungen, finanzielle Rahmenbedingungen und Ähnliches gibt, ist hingegen ein freundlicher Umgang miteinander entscheidend für den Zusammenhalt, das Weiterbestehen und den Erfolg der Gruppe. Und selbst in formal organisierten Gruppen fühlen sich alle wohler, wenn es freundlich zu geht.

Von Güte, Liebenswürdigkeit, Freundlichkeit und Entgegenkommen innerhalb einer Gruppe profitiert auch ein Neuling, denn er fühlt sich gleich aufgenommen und wird seinerseits freundlich auf die Gruppenmitglieder zugehen. Eine gegenseitige freundliche Grundhaltung kann eine Menge dazu beitragen, dass die Einbindung eines neuen Mitglieds in eine Gruppe von Anfang an leichter fällt (Ferrucci 2007).

Sich integrieren

Seien Sie stets freundlich. Erlernen Sie die vorherrschenden Benimm-Regeln, und seien Sie immerzu höflich, aufmerksam und rücksichtsvoll.

Gehen Sie auf andere zu. Interessieren Sie sich für andere. Hören Sie ihnen zu. Helfen Sie anderen. Nehmen Sie andere in ihrer Mitte auf. Seien Sie gastfreundlich und großzügig. Seien Sie zu anderen warmherzig, hilfsbereit, gütig, mitfühlend, gutmütig und liebenswürdig.

Vermeiden Sie es, sich egozentrisch, selbstdarstellerisch und egoistisch zu zeigen. Verletzen Sie die Gefühle anderer Personen nicht. Stellen Sie negative Gefühle zurück, um nicht unfreundlich zu wirken.

Schätzen Sie es, wenn andere freundlich zu Ihnen sind. Revanchieren Sie sich für Freundlichkeit mit noch größerer Freundlichkeit.

Andere integrieren

Pflegen Sie einen freundlichen, entgegenkommenden Umgang miteinander in der Gruppe.

Vermeiden Sie Angriffe, Streit und Feindseligkeiten gegenüber einem Neuling und gegenüber Gruppenmitgliedern. Hüten Sie sich vor Vorurteilen.

Geben Sie dem Neuling das Gefühl, willkommen zu sein. Zeigen Sie sich dem Neuling gegenüber stets anerkennend, ermutigend, zugeneigt, hilfsbereit, interessiert und liebenswürdig.

Nehmen Sie den Neuling freundlich auf, indem Sie ihn einladen, bewirten, informieren und von Anfang auf verschiedenen Ebenen einbinden.

Nehmen Sie Rücksicht auf den Neuling.

Mit freundlichen Worten und Gesten helfen Sie dem Neuling dabei, sich zu entspannen, seine Ängste und Zurückhaltung verlieren, sich wohlfühlen, Ihnen zu vertrauen und gerne in Ihrer Gruppe sein. Später wird ihn die entgegengebrachte Freundlichkeit vielleicht zu einem treuen und loyalen Gruppenmitglied machen, das sich einbringt, leistungsbereit ist und viel für die Gruppe tut.

Seien Sie stets freundlich – immer, überall und zu jedem. Dann machen Sie garantiert nichts falsch. Sie können dadurch nur gewinnen.

5 Geduld

Geduld ist heutzutage nicht mehr häufig anzutreffen. Alles muss schnell gehen, sofort funktionieren, möglichst ohne Vorbereiten, Aufwärmen oder Trainieren. Im zwischenmenschlichen Umgang ist Geduld jedoch oft nötig. Denn Menschen sind keine Maschinen. Sie benötigen Zeit, um sich zu orientieren, einzuleben und zu lernen. Darüber hinaus müssen Menschen von etwas überzeugt sein, vertrauen können und sich sicher fühlen, damit sie sich eingliedern und etwas leisten. Das alles geschieht nicht von heute auf morgen.

Gruppen müssen mit sich selbst Geduld haben. Denn es braucht seine Zeit, bis sich eine Gruppe aufgebaut und gefestigt hat und sich in einem funktionsfähigen Zustand befindet. Zudem sind Zeit und ein gewisser Aufwand nötig, um diesen Zustand zu erhalten, auszubauen und an Neuerungen anzupassen. Auch ziehen nicht alle Gruppenmitglieder im selben Tempo mit, oder sie stellen sich quer und scheren aus. Um mit ihnen konstruktiv umzugehen, braucht es ebenfalls Zeit und Geduld.

Das gilt auch für die Einbindung eines Neulings. Jeder Neuling und jede Gruppe hat ihr eigenes Tempo und ihre Strategien zur Integration und bringt jeweils andere Voraussetzungen mit. Sie unter einen Hut zu bringen, erfordert von beiden Seiten, sich im Geduld-Haben und Abwarten-Können zu üben und mit viel Gleichmut und Großzügigkeit auf Reibungsverluste zu reagieren. Doch Geduld zahlt sich meistens aus, beispielsweise in einer gelungenen Integration und einer gefestigten Gruppe (Ryan 2013).

Sich integrieren

Haben Sie Geduld mit sich und der Gruppe, zu der Sie gehören möchten. Nehmen Sie sich Zeit, um alles gründlich kennenzulernen, einzuüben, zu erlernen, Erfahrungen zu machen, sich eine Meinung zu bilden und sich einzuleben. Verlangen Sie nicht alles auf einmal von sich. Bemühen Sie sich zwar stets darum, Fortschritte zu machen und sich rasch zu integrieren, seien Sie dabei aber auch nachsichtig mit sich selbst, und verzeihen Sie sich kleine Fehler.

Haben Sie Geduld mit anderen. Nicht jeder kann sich sofort darauf einstellen, dass Sie zur Gruppe gehören möchten. Es kann sogar sein, dass Ihre Einbindung in die Gruppe nur schleppend vorangeht und Sie lange darauf warten müssen. Das zehrt möglicherweise an Ihren Nerven. Halten Sie trotzdem durch, und nutzen Sie die Zeit des Wartens sinnvoll, um sich zum Beispiel für etwas zu qualifizieren, um Neues zu lernen, um Kontakte zu knüpfen oder um Zukunftspläne zu schmieden.

Andere integrieren

Haben Sie Geduld mit dem Neuling und Ihrer Gruppe. Beide brauchen Zeit, um sich kennenzulernen und aneinander zu gewöhnen. Erwarten Sie nicht zu viel auf einmal, sondern gehen Sie immer nur in kleinen Schritten vorwärts.

Geben Sie dem Neuling viele Chancen, um sich in der Gruppe einzuleben und einzubinden. Beobachten Sie seine Bemühungen, loben Sie seine Fortschritte, und verzeihen Sie Stagnationen und Rückschritte. Letztere sollten Sie dazu veranlassen, zu überlegen, was Sie ändern oder besser machen könnten, um den Neuling zu integrieren.

Setzen Sie den Neuling nicht unter Druck. Lassen Sie weder Ungeduld noch Hektik aufkommen.

Bleiben Sie im Hinblick auf den Neuling und seine Einbindung in die Gruppe stets gelassen, bedächtig und entspannt. Beweisen Sie Ausdauer und Langmut. Erweisen Sie sich als ausdauernd, standhaft und zuverlässig. Geben Sie allen Beteiligten viel Zeit.

Seien Sie darüber hinaus geduldig mit sich selbst. Beim Integrieren passieren gelegentlich Fehler, und es kommt zu Missverständnissen. Rechnen Sie damit, und beugen Sie so gut wie möglich vor, aber verzeihen Sie es sich auch, wenn es trotz Ihrer Bemühungen einmal nicht so läuft, wie es sollte – unterm Strich zählt nur der gute Wille.

6 Gemeinsamkeiten

Die Mitglieder einer Gruppe haben in der Regel mehr als eine Sache gemeinsam, zum Beispiel Ziele, Interessen, Verwandtschaft oder eine formale Zugehörigkeit. Da diese Gemeinsamkeiten wichtig für sie sind oder sie darauf angewiesen sind, kooperieren sie miteinander. Aus Gemeinsamkeiten entstehen häufig Sympathien und emotionale Bindungen, die zusätzlich zum Zusammenhalt beitragen. Gemeinsamkeiten tragen aber nicht nur zum Zusammenhalt, sondern auch zur Abgrenzung bei. Diejenigen, die etwas gemeinsam haben, betrachten sich als geschlossene Einheit. Sie bezeichnen sich als „wir" und grenzen sich dadurch von „den Anderen" ab, die diese Gemeinsamkeiten nicht haben und daher auch nicht zur Gruppe gehören. Zwischen Gruppen sowie zwischen Gruppen und Personen, die zu keiner Gruppe gehören, kann es daher zu Spannungen, Rivalitäten, Vorurteilen und Missverständnissen kommen, zum Beispiel deshalb, weil man den Blick nur auf die eigene Gruppe richtet und sich nicht mit anderen Gruppen oder Außenstehenden beschäftigt.

In einer Gruppe hat jedes Mitglied eine eigene Identität. Auch ein Neuling verfügt darüber. Die Betonung und Förderung von Gemeinsamkeiten kann dazu beitragen, dass sich eine neue, gemeinsame Identität bildet und ein „Wir-Gefühl" entsteht. Die Gruppenidentität ist mehr als nur die Summe aus vielen Einzelidentitäten. Im Idealfall ist sie ein starkes Band, die die Einbindung eines Neulings erleichtert und die Gruppe auch in schwierigen Zeiten zusammenhält (Myers 2014, Myers et al. 2014, Salas et al. 2015).

Sich integrieren

Gemeinsamkeiten bedeuten für Sie und die Gruppe, dass Sie eine gemeinsame Grundlage haben, auf der Sie aufbauen können.

Suchen Sie Gemeinsamkeiten zwischen sich und der Gruppe, zu der Sie gehören wollen, und betonen Sie sie, damit der Gruppe klar wird, dass Sie zu ihr gehören. Pflegen Sie die Gemeinsamkeiten, und entdecken oder schaffen Sie eventuell sogar neue oder noch nicht bekannte Gemeinsamkeiten.

Gemeinsamkeiten sind schön und sinnvoll, solange sie dazu dienen, Sie in die Gruppe einzubinden und die Gruppe zu festigen. Achten Sie aber darauf, dass die Konzentration auf die Gemeinsamkeiten nicht dazu führt, andere Personen oder Gruppen, die diese Gemeinsamkeiten nicht aufweisen, auszugrenzen oder gering zu schätzen.

Denken Sie, wenn Sie sich in der Gruppe aufhalten, nicht mehr in der Kategorie „Ich", sondern vor allem in der Kategorie „Wir".

Andere integrieren

Betonen Sie generell mehr die Gemeinsamkeiten der Gruppenmitglieder als die Unterschiede.

Entdecken Sie Gemeinsamkeiten zwischen sich bzw. der Gruppe und dem Neuling. Auch wenn dies manchmal schwerfallen mag, so haben Sie bzw. die Gruppe und der Neuling zumindest eines gemeinsam: Sie sind Menschen mit ganz ähnlichen Bedürfnissen, zum Beispiel nach Sicherheit, Nahrung, Schlaf und Zugehörigkeit. Wenn Sie sich darauf konzentrieren, können Sie schnell ein Verständnis für den Neuling entwickeln und darauf aufbauend weitere Gemeinsamkeiten entdecken.

Ermöglichen Sie es dem Neuling, Gemeinsamkeiten mit der Gruppe zu erkunden oder zu entwickeln, indem Sie sich gemeinsame Ziele setzen und viel miteinander unternehmen.

Seien Sie sich bewusst, dass man Gemeinsamkeiten ausnützen und nicht erzwingen kann. Lassen Sie es nicht zu, dass Gemeinsamkeiten dazu missbraucht werden, andere auszugrenzen, zu diskriminieren oder schlecht zu behandeln.

Denken Sie ab und zu über Ihre Gemeinsamkeiten mit der Gruppe nach. Diese können sich mit der Zeit ändern, verringern oder vermehren. Wenn Sie bemerken, dass die Gemeinsamkeiten keine ausreichend starke Basis mehr sind, die Sie an die Gruppe bindet, sollten Sie etwas ändern oder sich eine neue Gruppe suchen.

Vergessen Sie bei der Beschäftigung mit den Gemeinsamkeiten nicht, auch die Unterschiede im Blick zu behalten, denn sie sind das „Salz in der Suppe", die Ihnen vielleicht Anregungen, Ideen und neue Sichtweisen vermitteln können.

7 Humor

Mit Humor geht alles besser! Das besagt ein Sprichwort, und zwar zu Recht. Humor ist jedoch nicht gleich Humor. Es gibt bösen Humor und guten Humor. Böser Humor ist solcher, bei dem über andere gelacht wird, ohne dass diese es auch komisch finden oder sich wehren können. Böser Humor ist zudem, wenn Witze auf Kosten anderer gehen, wenn jemand mit einem Witz beleidigt, lächerlich gemacht oder brüskiert wird oder wenn jemand durch ein lustig gemeinte Aktion ungewollt öffentlich zur Schau gestellt wird oder einen ernsthaften seelischen und/oder körperlichen Schaden erleidet.

Guter Humor ist solcher, bei dem alle herzlich lachen können, ohne dass sich jemand persönlich getroffen oder in seiner Ehre und/oder in seinem moralischen Verständnis verletzt fühlt. Humor ist dann gut, wenn er das Leben erfreulicher und leichter für alle macht.

In Gruppen, in denen viel gemeinsam gelacht wird, besteht normalerweise eine entspannte und gedeihliche Atmosphäre. Gruppen, die auch in schwierigen Situationen Humor beweisen, die nicht alles allzu ernst nehmen und auch mal über sich selbst lachen können, bieten gute Voraussetzungen dafür, mit Problemen und Herausforderungen wie zum Beispiel mit der Integration eines Neulings spielend fertig zu werden (Klein 1989).

Sich integrieren

Bringen Sie andere zum Lachen! Nichts öffnet die Türen zu den Herzen der Menschen schneller als das Lachen. Wenn Sie ohnehin ein humorvoller, optimistischer Mensch sind, sollten Sie dies beibehalten. Wenn Sie hingegen eher griesgrämig und pessimistisch sind, dann sorgen Sie dafür, dass Sie Ihrer aktuellen Situation und dem Leben insgesamt etwas mehr Freude und Fröhlichkeit abgewinnen. Bringen Sie sich regelmäßig selbst zum Lachen, in dem Sie Dinge tun, die Ihnen Vergnügen bereiten.

Schützen Sie sich davor, lächerlich gemacht zu werden. Lassen Sie es nicht zu, dass andere Späße auf Ihre Kosten machen. Geben Sie sich dazu auch nicht her, selbst wenn Sie meinen, dass man Sie dann eher in die Gruppe aufnimmt. Eine Gruppe, die sich auf Ihre Kosten amüsiert, ist es nicht wert, dass Sie ihr angehören!

Pflegen Sie einen guten Humor (siehe oben).

Versuchen Sie, Ihre Integration in die Gruppe gleichzeitig ernst und leicht zu nehmen. Das wird Ihnen helfen, mit Stagnation und Rückschlägen zurechtzukommen.

Nehmen Sie nichts allzu ernst, vor allem sich selbst nicht. Lernen Sie, über sich selbst zu lachen, dann wird Ihnen vieles leichter fallen.

Andere integrieren

Gewinnen Sie dem Leben so oft wie möglich die lustigen, fröhlichen und komischen Seiten ab. Das wird Sie entspannter und gelassener machen und hilft Ihnen über manches Problem hinweg.

Sorgen Sie in Ihrem eigenen Leben und in der Gruppe für so viel gute Laune wie möglich, denn wer gern, viel und gemeinsam lacht, hat mehr vom Leben. Außerdem erleichtert eine fröhliche Stimmung in Ihrer Gruppe dem Neuling, lockerer zu werden und sich schnell einzuleben.

Auch wenn Ihnen manchmal nicht zum Lachen zumute ist: Schimpfen Sie nicht mit dem Neuling, und regen Sie sich nicht auf, sondern nehmen Sie kleinere Missgeschicke und Missverständnisse mit Humor. Das gilt durchaus auch für größere Probleme. Nichts ist wirklich so schlimm, dass die Welt davon untergeht.

Es macht so manche Sache für Sie einfacher, wenn Sie ab und zu auch über sich selbst lachen.

8 Kommunikation

Es ist nicht möglich, nicht zu kommunizieren, und ohne Kommunikation geht fast gar nichts. Diese beiden Regeln gelten für alle zwischenmenschlichen Kontakte. Da Kommunikation so wichtig und einflussreich ist, sollte man stets berücksichtigen, wie, was, wann und wem etwas mitgeteilt wird. Denn zu kommunizieren kann viel Gutes bewirken, aber auch gründlich schief gehen. Um dies steuern zu können, lohnt es sich, sich mit der Kunst des richtigen Kommunizierens zu befassen.

Miteinander zu reden ist eine Voraussetzung dafür, dass eine Gruppe entstehen und bestehen bleiben kann. Es ist daher eine bedeutsame Aufgabe aller Gruppemitglieder, immer im Austausch miteinander zu bleiben.

Kommt ein Neuling in eine Gruppe, wird er zunächst lernen müssen, auf welchen Ebenen und Kanälen die Kommunikation verläuft. Er wird herausfinden, wer die Meinungsführer sind, wer sich zurückhält oder keine Meinung hat und wie Meinungen in der Gruppe gemacht oder durchgesetzt werden. Er wird darüber hinaus Erfahrungen damit sammeln, selbst mit der Gruppe zu kommunizieren, zum Beispiel sich mitzuteilen und sich in der Gruppe Gehör zu verschaffen.

Eine gute Kommunikation ist dann gegeben, wenn sie alle Mitglieder rechtzeitig erreicht, verständlich und nachvollziehbar ist und einen fairen, gleichberechtigten und kontinuierlichen Austausch der Mitglieder untereinander und mit Außenstehenden ermöglicht. Wird so in einer Gruppe kommuniziert, geht die Integration relativ reibungslos vonstatten (Beebe u. Masterson 2014, Froemling et al. 2010).

Sich integrieren

Grundsätzlich sollten Sie mehr zuhören als reden. Denn wenn Sie zuhören, erfahren Sie viele Dinge, die Ihnen dabei helfen können, sich in die Gruppe erfolgreich einzugliedern.

Geben Sie nur Wesentliches über sich preis. Erzählen Sie nichts, was Ihnen schaden könnte, auch wenn Sie dazu gedrängt werden.

Wenn Sie reden, dann sollten Sie vor allem Fragen stellen. Auch das wird Ihnen dabei behilflich sein, mehr über die Gruppe zu erfahren und sich in sie zu integrieren.

Achten Sie insgesamt auf den Kommunikationsstil in der Gruppe. Wenn er zufriedenstellend ist, sollten Sie ihn übernehmen. Wenn er verbesserungsbedürftig ist, sollten Sie später, wenn Sie zum festen Mitglied der Gruppe geworden sind, daran arbeiten. Wenn der Kommunikationsstil hingegen untragbar ist und Sie benachteiligt, dann sollten Sie sich eventuell gegen den Beitritt zur Gruppe entschließen.

Lernen Sie die Kommunikationsregeln und -wege der Gruppe gut kennen, und halten Sie sie ein.

Hören Sie sich die Meinung vieler Mitglieder an. Versuchen Sie, sie zu verstehen. Bilden Sie sich eine eigene Meinung.

Lernen Sie, sich angemessen in der Gruppe mitzuteilen, damit Sie gehört und verstanden und Ihre Interessen und Bedürfnisse erfüllt werden.

Grundlage jeder Kommunikation mit einer Gruppe ist es, ihre Sprache zu beherrschen. Das kann eine nationale Sprache sein, aber auch bestimmte Redewendungen, Spezial- und Fachbegriffe, Subkultur- und Slang-Ausdrücke sowie Gestik und Mimik. Eignen Sie sich die Sprache Ihrer Gruppe an, um von ihr wahrgenommen und ernst genommen zu werden.

Andere integrieren

Pflegen Sie gute Kommunikationsformen und -stile in der Gruppe. Achten Sie zudem auf einen guten Austausch in der Gruppe. Lassen Sie sich darin gegebenenfalls schulen oder beraten.

Informieren Sie den Neuling über alles, was er wissen muss.

Hören Sie dem Neuling zu. Interessieren Sie sich für ihn, aber fragen Sie ihn nicht aus.

Sorgen Sie dafür, dass der Neuling die Sprache, die in der Gruppe vorherrscht, erlernen kann.

Sorgen Sie für einen kontinuierlichen Austausch zwischen der Gruppe und dem Neuling.

9 Kontakt

Ohne Kontakte kann man leben, aber mit Kontakten lebt es sich besser. Kontakte herzustellen und zu pflegen ist nicht immer einfach, aber es lässt sich lernen. Es gelingt auch nicht immer auf Anhieb oder durch einige wenige Bemühungen, sondern ist oft eine langwierige Angelegenheit, die viel Energie und Durchhaltevermögen erfordert. Trotz mancher Anstrengungen lohnt es sich aber in der Regel, möglichst viele Menschen und Gruppen zu kennen und ein soziales Netzwerk aufzubauen, denn dann kann man in allen möglichen Lebenslagen darauf zurückgreifen.

Eine Gruppe lebt vom Kontakt, denn ohne Kontakt keine Gruppe. Eine wichtige Aufgabe von Gruppenmitglieder besteht deshalb darin, immer in einem möglichst engen Kontakt zueinander zu bleiben. Auch zu anderen Gruppen, Personen und Institutionen sollten sie gute Kontakte pflegen, um sich nicht zu isolieren, sondern um sich austauschen und profitieren zu können. Auf die Pflege von Kontakten sollte in Gruppen stets großen Wert gelegt werden.

Auch ein Neuling sollte von Anfang an Kontakte herstellen. Sein Einstieg in eine Gruppe besteht darin, andere kennenzulernen und sich bekannt zu machen. Verläuft dieser für beide Seiten positiv, dann sollte der Kontakt ausgebaut werden, bis der Neuling vollständig in die Gruppe integriert ist. Wenn Gruppe und Neuling Kontakt zueinander suchen und ihn intensivieren, finden sie auch bald zusammen (Hallberg 2013, Pettigrew u. Tropp 2011).

Sich integrieren

Betrachten Sie das Kontakte-Knüpfen, den Aufbau von sozialen Netzwerken sowie deren Pflege und Ausbau als wichtige Angelegenheit, der Sie viel Aufmerksamkeit, Zeit und Anstrengung widmen sollten.

Knüpfen Sie Kontakte, wann und wo immer sich die Gelegenheit dazu bietet. Nur mit vielen und guten Kontakten wird es Ihnen gelingen, in der Gruppe Fuß zu fassen. Nehmen Sie so früh wie möglich Kontakt zu allen Gruppenmitgliedern auf.

Bemühen Sie sich um Kontakte zu ganz unterschiedlichen Personen, Gruppen und Institutionen. Das erweitert nicht nur Ihren Horizont, sondern hilft Ihnen auch dabei, unterschiedliche Sichtweisen kennenzulernen und sich differenzierte Meinungen über verschiedene Dinge zu bilden.

Achten Sie darauf, dass die meisten Kontakte persönlich verlaufen. Kontakte zu Personen im Internet, die Ihnen nur virtuell begegnen, sind zwar leicht herzustellen, aber darauf können Sie letztlich nicht zählen. Was wirklich trägt, sind in der Regel nur persönliche Begegnungen und Kontakte.

Betrachten Sie Ihre sozialen Kontakte nicht nur als etwas, das Ihnen nützt, sondern nützen Sie auch anderen. Seien Sie für andere da. Gute Kontakte bestehen aus einem gleich verteilten Geben und Nehmen.

Andere integrieren

Betreiben Sie die Kontaktpflege innerhalb der Gruppe und nach außen zu anderen Gruppen, Personen und Institutionen regelmäßig und gewissenhaft.

Lassen Sie sich darin schulen und beraten, wie man Kontakte herstellt und aufrecht erhält.

Gehen Sie auf den Neuling zu. Erleichtern Sie es ihm, einen Kontakt zu Ihnen und zur Gruppe herzustellen.

Helfen Sie dem Neuling dabei, so viele Gruppenmitglieder wie möglich kennenzulernen. Stellen Sie ihn den Anderen bei verschiedenen Gelegenheiten vor. Unternehmen Sie etwas zusammen, und arrangieren Sie Zusammenkünfte, um möglichst viele Kontakt- und Kennenlernmöglichkeiten zu schaffen.

Unterstützen Sie den Neuling dabei, sich ein soziales und berufliches Netzwerk aufzubauen.

Zeigen Sie ihm, wie man Kontakte knüpft und pflegt.

Versuchen Sie, Kontakte nicht ohne Grund abbrechen oder einschlafen zu lassen. Wenn es Probleme mit Kontakten gibt, sollten Sie die Gründe herausfinden.

Seien Sie in Ihrem Netzwerk für andere da.

Nehmen Sie das Aufbauen und Pflegen von Kontakten ernst. Machen Sie es zur Chefsache.

10 Menschlichkeit

Über Menschlichkeit bzw. Humanität wird viel gesprochen und geschrieben, sie wird auch oft gefordert, aber gelebt wird sie nicht allzu oft. Denn menschlich zu sein bedeutet, sich von religiösen und/oder ethischen Werten sowie von humanistischen Idealen leiten zu lassen, die oftmals im Widerspruch stehen zu ökonomischen, egoistischen und anderen Interessen.

Menschlichkeit zu zeigen geht damit einher, sich für andere einzusetzen, auch wenn man davon nicht viel hat oder sogar Nachteile und Einbußen erleidet. Menschlich zu sein „rechnet" sich oft nicht, zumindest nicht auf der finanziellen Ebene.

Bei der Menschlichkeit steht der Mitmensch im Vordergrund. Ihm soll ungeachtet der eigenen Interessen und Vorteile gedient werden. Er soll in den Mittelpunkt des Denkens und Handelns rücken. Das wollen und können viele allerdings nicht erbringen.

Dennoch gibt und gab es überall auf der Welt und zu allen Zeiten Menschen, denen es Freude und Erfüllung bringt, sich selbstlos und altruistisch für andere einzusetzen, ja manchmal sogar aufzuopfern. Sie tun das, weil der Gewinn nicht in Geld, Karriere oder anderen materiellen Gütern liegt, sondern weil es für sie eine Frage des Gewissens und der Moral ist. Sie wollen „das Richtige" tun. Es macht sie zufrieden, Gutes zu tun, zu helfen und zu geben. Es gibt ihrem Leben Sinn. Es ermöglicht ihnen, nach höheren Werten zu leben. Manch einer erhofft sich auch eine Belohnung in einer anderen Welt und/oder durch eine höhere Macht. Wie dem auch sei – zu helfen steckt im Menschen ebenso drin wie nicht zu helfen. Es zu tun und somit mitfühlend und menschlich zu sein, kann sehr befriedigend sein (Dalai Lama 2002, 2012).

Gruppen, die human mit den eigenen Mitgliedern umgehen, also helfen, unterstützen, verzeihen und zusammenhalten, zeichnen sich durch eine positive Atmosphäre und enge Bindungen aus. Gruppen, in denen Humanität untereinander gelebt wird, werden dies in der Regel auch gegenüber anderen Gruppen und Neulingen tun.

Sich integrieren

Bringen Sie sich in die Gruppe ein, indem Sie anderen helfen und etwas für die Gruppe tun, und zwar unabhängig davon, ob Sie persönlich etwas davon haben oder nicht.

Schätzen Sie es, und seien Sie dankbar, wenn man Ihnen aus reiner Menschlichkeit und ohne eine Gegenleistung zu erwarten hilft und Sie integriert.

Fördern Sie Menschlichkeit, wo immer Sie können. Zeigen Sie stets und in allen Lebensbereichen Menschlichkeit.

Andere integrieren

Leben Sie Menschlichkeit in der Gruppe. Sprechen Sie darüber, und machen Sie daraus eine bewusste Haltung, die alle Gruppenmitglieder einnehmen.

Setzen Sie sich selbstlos und großzügig über eigene Interessen hinweg, wenn es darum geht, menschlich zu sein. Springen Sie über Ihren Schatten. Verzichten Sie auf Vorteile zugunsten anderer. Erwarten Sie keine Gegenleistung. Denken Sie zuerst an andere und dann erst an sich.

Zeigen Sie innere Größe und Menschlichkeit, wenn es darum geht, neue Menschen in Ihrer Mitte aufzunehmen.

Verinnerlichen Sie den Gedanken, dass es Ihnen eventuell einmal genauso ergehen könnte wie der Person, der Sie aus humanen Gründen helfen sollten.

Hoffen Sie darauf, dass Ihre Menschlichkeit einem Neuling gegenüber auch ihn zum humanen Denken und Handeln verleitet.

Beschäftigen Sie sich mit religiösen, ethischen und humanistischen Werten, und versuchen Sie, sie in der Gruppe und in Ihrem Leben umzusetzen.

Stellen Sie die Menschlichkeit stets über finanzielle und egoistische Interessen.

Lassen Sie sich von Mitleid und Mitgefühl für Ihre Mitmenschen leiten.

Erweisen Sie sich als Vorbild in Sachen Menschlichkeit. Gehen Sie mit gutem Beispiel voran.

11 Motivation

Motivation ist ein wichtiger „Treibstoff". Ohne Motivation geht quasi nichts. Menschen tun nur etwas, wenn sie motiviert sind. In vielen Situationen ist völlig klar, was jemanden antreibt. In anderen Fällen ist es das weniger, weil der Betreffende es nicht kundtut oder es ihm selbst nicht bewusst ist.

Motivation kann mit verschiedenen Mitteln und Methoden herbeigeführt werden, zum Beispiel mit Belohnung und Bestrafung. Im Fall von Belohnung tun Menschen etwas, um Anerkennung, Geld, Titel, Ruhm und anderes zu gewinnen; im Fall von Bestrafung wollen sie Schmerzen, Leid, Einbußen, Verluste und anderes verhindern.

Bei der Motivation wird zwischen intrinsischer und extrinsischer Motivation unterschieden. Extrinsisch Motivieren bedeutet, Anreize zu setzen (Belohnung oder Bestrafung) bzw. sich entsprechend den Anreizen zu verhalten, um etwas Bestimmtes zu erreichen. Bei der intrinsischen Motivation stehen hingegen das freiwillig Tun und das Ausführen um seiner selbst willen im Vordergrund.

Menschen werden oft nicht nur von einer Sache motiviert, sondern von mehreren. Außerdem ist dies bei jedem Menschen unterschiedlich und kann sich mit der Zeit ändern. Die Motivation von Menschen ist somit in der Regel komplex, individuell, variabel und nicht immer nachvollziehbar. Sie muss erst aufgebaut, dann gesteigert und schließlich langfristig aufrechterhalten werden, wenn man etwas erreichen will.

Eine Gruppe sollte wissen, was sie und ihre Mitglieder motiviert. Sollen gemeinsame Ziele erreicht werden, dann muss die Motivation wie ein Feuer angefacht und geschürt werden. Dabei sollten die Gruppenmitglieder – wenn möglich – stets positiv motiviert werden (also Anreize setzen und nicht Strafen androhen).

Um Veränderungen zu bewirken und/oder einen Neuling zu integrieren, braucht eine Gruppe eine besondere Motivation. Sie sollte ergründet und ausgebaut werden. Ein Neuling ist meistens aus verschiedenen Gründen motiviert, zu einer Gruppe zu gehören. Er sollte sie kennen und sich darin bestärken, bis er sein Ziel erreicht hat.

Wenn Gruppe und Neuling motiviert sind, zueinanderzukommen, sind gute Voraussetzungen gegeben, dass dies auch gelingt (Deckert 2013, Maslow 1943).

Sich integrieren

Fragen Sie sich, was Sie antreibt, um zu einer Gruppe zu gehören.

Überlegen, Sie, was Sie motiviert oder (noch mehr) motivieren würde, um sich in die Gruppe zu integrieren. Überlegen Sie auch, was Ihre Motivation untergräbt und Ihnen die Lust nimmt, sich zu integrieren. Denken Sie darüber nach, wer dies ändern und wie dies geändert werden könnte.

Prüfen Sie, was eine Gruppe für Sie tun kann (oder tut), um Sie zu motivieren, sich zu integrieren. Prüfen Sie auch, wie Sie sich selbst motivieren können, sich zu integrieren.

Wenn Sie hoch motiviert sind, sich in eine Gruppe einzugliedern, sollten Sie sich Gedanken machen, wie Sie diese Motivation ausbauen und aufrecht erhalten können.

Überlegen Sie sich, welcher Anreiz für eine Gruppe darin bestehen könnte, Sie aufzunehmen.

Denken Sie sich Möglichkeiten aus, um die Gruppe zur Integration zu motivieren.

Andere integrieren

Überlegen Sie, was Ihre Gruppe antreibt, also welche Interessen und Ziele sie verfolgt und was sie zusammenhält.

Prüfen Sie, wie es mit der Motivation in Ihrer Gruppe allgemein bestellt ist und ob Sie daran etwas ändern sollten.

Fragen Sie sich, wie motiviert die Gruppe ist, einen Neuling aufzunehmen. Prüfen Sie, ob die Motivation der Gruppe diesbezüglich aufgebaut, verbessert oder aufrecht erhalten werden muss, und überlegen Sie, wie dies bewerkstelligt werden könnte.

Denken Sie sich verschiedene Anreize für den Neuling aus, um sich integrieren. Es sollte für ihn interessant und lohnenswert sein, sich in Ihre Gruppe einzugliedern.

Vermitteln Sie dem Neuling einen Sinn darin, zu Ihrer Gruppe zu gehören.

Motivieren Sie sich selbst, die Gruppenmitglieder und den Neuling immer nur im positiven Sinne, vor allem durch Belohnung. Bestrafung sollte nur das allerletzte Mittel sein.

Sorgen Sie dafür, dass die Gruppe und der Neuling stets motiviert sind, sich zusammenzuraufen und an einem Strang zu ziehen.

12 Nützlichkeit

Wo Ökonomie und Wirtschaftlichkeit einen hohen Stellenwert haben, stellt sich bei allem die Frage nach der Nützlichkeit, denn daran bemisst sich der (ökonomische) Wert: Ist etwas nützlich, dann ist es etwas wert, hat es keinen direkten, offensichtlichen oder überhaupt keinen Nutzen, dann ist es wertlos.

Nützlichkeit ist jedoch nicht nur an finanziellen und ökonomischen Kriterien festzumachen, sondern hat viele weitere Aspekte. So kann es zum Beispiel sozial nützlich und gewinnbringend sein, einer Gruppe anzugehören, oder es kann zwischenmenschlich nützlich sein, in die nächste Generation zu investieren. Und manchmal ist es auch nützlich, auf etwas zu verzichten oder es aufzugeben.

Wenn es um die Nützlichkeit von Menschen geht, wird es schwierig. Denn ein Mensch ist nicht nützlich oder unnütz, sondern besitzt einen Wert an sich. Dennoch hat jede Gruppe, sei es eine Familie, ein Verein, ein Unternehmen oder eine Gesellschaft, Vorstellungen und Ansprüche an ihre Mitglieder, die sich mit deren Nutzen für die Gruppe verbinden. Nützt jemand einer Gruppe, wird er gerne aufgenommen und gut behandelt, nützt er hingegen nichts (mehr), wird er ausgestoßen und schlecht behandelt. Das sind die Spielregeln – ob sie immer sinnvoll und gerecht sind, steht auf einem anderen Blatt. Einer Gruppe anzugehören bedeutet daher, für sie von Nutzen zu sein.

Ein Neuling muss sich also fragen, welchen Nutzen er der Gruppe bringt, ebenso wie er sich fragen sollte, inwiefern die Gruppe ihm von Nutzen sein kann.

Sehen Gruppe und Neuling einen Nutzen darin, sich zusammenzutun, ist dies eine treibende Kraft für die Integration (Schein 2011, Wilson 2015).

Sich integrieren

Überlegen Sie sich, in welcher Hinsicht (es können mehrere Aspekte sein) die Gruppe, zu der Sie gehören wollen, nützlich für Sie ist bzw. sein kann.

Machen Sie sich Gedanken darüber, welchen Zugewinn, Vorteil oder Nutzen Ihre Integration für die Gruppe darstellen könnte.

Zeigen Sie der Gruppe, wo Sie für sie nützlich sind bzw. sein können. Wenn Ihnen das gelingt, werden Sie bestimmt schnell von ihr akzeptiert und integriert, und zwar oft unabhängig von anderen Faktoren (zum Beispiel von Ihrer Nationalität, Ihrem Alter, Ihrem Aussehen, Ihrem sozialen Status, Ihrem Einkommen usw.).

Machen Sie sich für die Gruppe oder in der Gruppe nützlich, etwa indem Sie eine bestimmte Funktion übernehmen, spezielle Kenntnisse, Fähigkeiten, Erfahrungen oder Begabungen in den Dienst der Gruppe stellen, zur Gruppe etwas beitragen, was sie nicht hat oder nicht leisten kann, oder indem Sie Tätigkeiten übernehmen, die Ihre Gruppe meidet, die aber dringend nötig sind.

Zeigen Sie der Gruppe deutlich, dass Sie ihr nicht zur Last fallen und auf ihre Kosten leben wollen, sondern dass Sie etwas zum Wohlergehen und Fortbestehen der Gruppe beitragen können.

Erwarten Sie dafür aber nicht unbedingt viel oder überhaupt einen Lohn. Wenn es sein muss, machen Sie sich ehrenamtlich und ohne Bezahlung nützlich. Am Anfang zählt nämlich nur, dass Sie als nützliches Neu-Mitglied wahrgenommen werden. Später können Sie sich dann immer noch „nach oben" arbeiten oder andere Tätigkeiten ausüben, die besser bezahlt oder belohnt werden.

Rechnen Sie damit, dass die Gruppe Ihnen zunächst skeptisch gegenüber steht und prüfen wird, was Sie von Ihnen hat. Sie sieht Sie nämlich als jemanden, den sie nicht unbedingt benötigt. Sie hat darüber hinaus vielleicht Angst, dass sie von Ihnen ausgenutzt oder benachteiligt wird oder einen Schaden durch Sie erleidet. Um sich davor zu schützen, wird sie Sie anfangs genau beobachten und versuchen, einzuschätzen, was es bedeutet, wenn sie Sie integriert.

Sorgen Sie dafür, dass nicht nur die Gruppe von Ihnen, sondern auch Sie von der Gruppe profitieren.

Betrachten Sie die Gruppe, in die Sie sich integrieren wollen, nicht nur als ein soziales Gefüge, das Ihnen vorrangig nützlich sein soll, sondern entdecken Sie, was die Gruppe darüber hinaus zu bieten hat und wofür Sie sie schätzen und achten, ohne dass dies unmittelbar mit ihrem Nutzen für Sie zusammenhängt.

Integrieren Sie sich nicht nur, um Arbeit zu finden und Geld zu verdienen, sondern betrachten Sie Ihre Integration als Projekt, das Ihr gesamtes Leben betrifft.

Andere integrieren

Fragen Sie sich, welchen Stellenwert Nützlichkeit in Ihrer Gruppe hat und wie Sie diesen Aspekt handhaben. Ist sie das entscheidende Kriterium oder eher eines unter vielen?

Werden „nützliche" Mitglieder anders behandelt als „weniger nützliche"? Werden Personen eher in die Gruppe aufgenommen, wenn sie in irgendeiner Weise „von Nutzen" sind?

Seien Sie als Gruppe dem Neuling von Nutzen, indem Sie ihm Hilfe und Unterstützung anbieten.

Ein Neuling will und muss sich in der Regel nützlich machen. Dazu sollten Sie ihm zahlreiche Möglichkeiten und Chancen geben. Zeigen Sie ihm, wo Sie als Gruppe Hilfe, Unterstützung oder spezielle Kenntnisse benötigen. Sorgen Sie dafür, dass der Neuling sich einsetzen kann, eine bestimmte Funktion oder Aufgabe übernimmt und (wenn möglich) auch gleich anständig dafür bezahlt wird. Denn Anerkennung, Status und Geld helfen ihm dabei, sich schnell, reibungslos und gerne in Ihre Gruppe einzugliedern, entsprechende Leistungen zu erbringen und sich insgesamt bei Ihnen wohlzufühlen.

Vermeiden Sie es tunlichst, dem Neuling nur unangenehme Aufgaben aufzubürden oder solche Tätigkeiten zuzuschanzen, die keiner übernehmen will. Sehen Sie ihn auch nicht ausschließlich als Arbeitskraft, die zu allem bereit ist und sich eventuell ausnützen lässt. Das kann für den Neuling zwar zunächst ein Einstieg in die Gruppe sein, aber es sollte nicht die Regel bleiben, denn schließlich will niemand immer nur unbeliebte Arbeiten verrichten müssen oder ausschließlich als billige Arbeitskraft gesehen werden, die ausgebeutet werden kann und zur Gewinnsteigerung beiträgt. Ihr Neuling will bald schon gleichberechtigt sein, er will gut und fair behandelt werden und sowohl als Arbeitskraft als auch als Privatperson geachtet und respektiert werden.

Sorgen Sie deshalb dafür, dass er sich qualifizieren und „nach oben" arbeiten und zu einem gleichwertigen, gern gesehenen Mitglied Ihrer Gruppe werden kann.

Sehen Sie den Neuling nicht nur unter dem Aspekt, wie er Ihnen und Ihrer Gruppe nützlich sein kann, sondern betrachten Sie ihn als Mensch und als jemanden, der die Gruppe in vielerlei Hinsicht bereichern wird, wenn man ihn nur lässt und ihm eine reale Chance dazu gibt.

Sorgen Sie in der Gruppe und im Allgemeinen dafür, dass „Nützlichkeit" nicht an oberster Stelle in Ihrer Wertehierarchie steht.

13 Offenheit

Wer sich mental öffnet, beharrt nicht auf Meinungen, Traditionen und Ritualen, sondern lässt sich auf Veränderungen und neue Ideen ein. Er betrachtet die Dinge zunächst unvoreingenommen und lässt es zu, dass er mit Neuem und Ungewohntem konfrontiert wird. Im Prinzip ist er bereit, sich zu hinterfragen und zu verändern.

Wer nicht offen ist, will, dass sich nichts verändert. Er ignoriert den Wandel und die damit einhergehenden Anforderungen. Er verschließt sich Informationen und Aspekten, die nicht in sein Weltbild passen. Er ist mit Neuigkeiten überfordert und nicht an Trends und Innovationen interessiert. Er will seine Ruhe haben und hat sich in eine Welt des Konservierens und Stagnierens zurückgezogen.

Viele Menschen sind in ihrer Kindheit und Jugend sehr offen, verlieren im Lauf des Lebens aber immer mehr an Offenheit. Dennoch lohnt es sich, sich einen offenen Geist zu erhalten, denn dann kann man auch im fortgeschrittenen Alter am Puls der Zeit bleiben.

Gruppen können es sich nicht leisten, verschlossen zu sein. Offenheit muss für sie eine Leitmaxime sein, denn sie sind im eigenen Interesse dazu aufgefordert, sich stets zu wandeln und anzupassen. Dazu gehört es auch, „frischen Wind" durch neue Mitglieder zuzulassen, die ungewohnte Aspekte und neue Perspektiven einbringen.

Ebenso sollte ein Neuling möglichst offen sein und sich mit neuen Eindrücken, Ideen und Menschen auseinandersetzen. Dadurch kann er sich besser in eine Gruppe einfügen als wenn er mit vorgefassten Meinungen und starren Verhaltensmustern durchs Leben geht (Nettle 2009).

Sich integrieren

Analysieren Sie die Gruppe, in die Sie sich integrieren möchten. Ist sie eher offen oder eher verschlossen? Wenn sie nicht besonders offen ist, sollten Sie das zunächst einfach akzeptieren. Falls sie sehr offen ist und sie bereitwillig aufnimmt, können Sie froh sein.

Um in einer nicht-offenen Gruppe Veränderungen und Ihre Integration voranzubringen, sollten Sie sich eine oder mehrere Personen in der Gruppe suchen, die flexibel, neugierig und offen für Veränderungen oder mit etwas Bestimmtem unzufrieden sind. Versuchen Sie, diese Personen für sich zu gewinnen und davon zu überzeugen, dass die Gruppe von Ihrer Aufnahme in jedem Fall profitieren wird. Wenn Sie einige Mitstreiter gewonnen haben, wird es relativ einfach sein, auch den Rest der Gruppe zu überzeugen.

Gehen Sie offen und unvoreingenommen auf die einzelnen Gruppenmitglieder zu.

Seien Sie generell offen für alles, was Ihnen im Leben begegnet.

Andere integrieren

Überlegen Sie, wie es in Ihrer Gruppe um die Offenheit bestellt ist.

Wenn Ihre Gruppe nur eine geringe Offenheit aufweist, sollten Sie bedenken: Alles ist stets im Wandel. Fortschritt und Zukunft für Ihre Gruppe gibt es nur, sofern sie sich mitwandelt, verändert, anpasst und öffnet. Bauen Sie deshalb keine Abwehrhaltung auf. Fühlen Sie sich von Neuem und Veränderungen nicht bedroht, sondern betrachten Sie sie als Notwendigkeit und Chance.

Überlegen Sie, wie offen die Gruppe gegenüber neuen Mitgliedern ist. Ist Offenheit vorhanden, sollte sie erhalten werden. Ist die Offenheit hingegen gering, sollte daran gearbeitet werden.

Seien Sie bereit für alte und neue Mitglieder, die neue und ungewohnte Ideen, Einstellungen, Erwartungen und Verhaltensweisen in Ihre Gruppe bringen. Sehen Sie es positiv, dass die Gruppe dadurch vielleicht zum Umdenken und Dazulernen veranlasst werden.

Öffnen Sie sich, und bleiben Sie offen für neue Mitglieder in Ihren Reihen, denn dann wird Ihre Gruppe nicht erstarren, sondern mit der Zeit gehen können.

Erwarten oder fordern Sie Offenheit vom Neuling für Ihre Gruppe.

Fördern Sie Offenheit beim Neuling und bei den Gruppenmitgliedern.

14 Respekt

Respekt zu haben bedeutet, etwas zu achten, anzuerkennen, wertzuschätzen und zu eventuell auch bewundern. Es bedeutet zudem, Distanz zu wahren, Rücksicht zu nehmen, Grenzen und Regeln einzuhalten und andere als gleichgestellt zu betrachten.

Respekt von anderen erhält man meistens nicht automatisch, sondern man muss ihn sich erarbeiten. Anderen Respekt zu zollen kann sie zu Wohlverhalten und besonderen Leistungen motivieren. In Kulturen, Gesellschaften, Unternehmen und Gruppen, in denen sich Menschen respektiert fühlen, gibt es weniger Spannungen und Konflikte.

Wird Menschen der Respekt versagt, verletzt es ihren Stolz, ihr Selbstwertgefühl und ihre Identität. Es bedeutet, sie zu beleidigen, zu frustrieren und auszuschließen und führt dazu, dass sie sich wehren, Leistung verweigern, weggehen, kündigen oder sich schädigend verhalten.

Menschen, die sich wegen eines Merkmals außerhalb der Norm oder dem Mittelmaß bewegen bzw. durch irgendetwas auffallen, werden häufig verspottet, ausgenützt oder ausgegrenzt. Wenn ihnen Respekt entgegengebracht wird, sind viele von ihnen dankbar, fühlen sich verbunden und angenommen und leisten gerne etwas.

In Gruppen sollte generell ein respektvoller Umgangston vorherrschen, auch wenn es Probleme gibt oder man nicht einer Meinung ist. Nur Gruppen, in denen ein grundlegender Respekt der Mitglieder untereinander und vor Außenstehenden stets vorhanden ist, haben gute Chancen, dauerhaft zu bestehen.

Ein Neuling sollte Respekt für die Gruppe aufbringen, in die er sich eingliedern möchte. Gleichzeitig sollte er erwarten können, dass die Gruppe ihn respektiert. Gegenseitiger Respekt ist eine wichtige Voraussetzung für die gegenseitige Annäherung von Neuling und Gruppe (Lawrence-Lightfoot 2000, Meshanko 2013).

Sich integrieren

Gehen Sie mit einer respektvollen Haltung auf die Gruppe zu, zu der Sie gehören möchten.

Haben Sie Respekt vor der Geschichte, den Erfahrungen und den Traditionen der Gruppe.

Respektieren Sie die Wünsche, Bedürfnisse, Ziele und Eigenarten der Gruppe, in die Sie sich integrieren wollen. Versuchen Sie (zunächst) nicht, daran etwas zu ändern.

Freuen Sie sich, wenn man Ihnen Respekt entgegenbringt, und geben Sie ihn zurück.

Fordern Sie Respekt ein, wenn Sie finden, dass man Sie nicht freundlich, fair und rücksichtsvoll behandelt.

Tun Sie etwas dafür, dass man Sie respektiert. Verdienen Sie sich den Respekt.

Gehen Sie mit einer respektvollen Haltung durchs Leben. Haben Sie vor allem Respekt, nicht nur vor Menschen.

Andere integrieren

In Ihrer Gruppe sollte jedes Mitglied Respekt vor den anderen Mitgliedern haben. Fördern Sie einen respektvollen Umgang miteinander in der Gruppe. Leben Sie eine respektvolle Haltung vor.

Die Gruppe sollte anderen Personen, Gruppen oder Institutionen generell Respekt entgegenbringen, auch wenn Einstellungen oder Ziele voneinander abweichen.

Bringen Sie dem Neuling generell Respekt entgegen.

Zollen Sie dem Neuling Respekt für seine Bemühungen, sich zu integrieren.

Respektieren Sie die Wünsche, Bedürfnisse, Ziele, Grenzen und Eigenheiten des Neulings.

Fordern Sie Respekt als Gruppe vom Neuling und von anderen ein, wenn Sie der Meinung sind, dass Sie nicht genug Achtung, Rücksichtnahme oder Wertschätzung erfahren oder Ihre Grenzen missachtet werden.

Tun Sie als Gruppe etwas dafür, dass man Ihnen Respekt entgegenbringt.

Machen Sie den Respekt zu einer Leitlinie Ihres Handelns.

Bringen Sie allem und jedem zunächst Respekt entgegen (ob er dann auch verdient ist, steht auf einem anderen Blatt).

15 Solidarität

Unter Solidarität wird einerseits eine Haltung der Verbundenheit mit einer Sache und andererseits ein enger Zusammenhalt verstanden. Nur mit Solidarität lassen sich gemeinsame Ziele erreichen.

Verbundenheit und Zusammenhalt sind Merkmale gut funktionierender Gruppen: Ihre Mitglieder sind durch Interessen, Aktivitäten und Zielen miteinander verbunden, sie empfinden sich als gleichgesinnt und teilen gemeinsame Werte. Zudem fühlen sich sich zwischenmenschlich miteinander verbunden, unterstützen sich gegenseitig, stehen füreinander ein und gehen gemeinsam durch dick und dünn.

Solidarität sollte in einer Gruppe selbstverständlich sein und kontinuierlich praktiziert werden. Geschieht dies nicht, dann ist eine Gruppe geschwächt, und es ist nur eine Frage der Zeit, bis ernsthafte Konflikte auftreten und die Gruppe zerbricht. Es lohnt sich daher, ab und zu die Solidarität innerhalb einer Gruppe zu überprüfen und etwas dafür zu tun.

Gegenüber einem Neuling sollte sich eine Gruppe als solidarisch erweisen, indem sie ihm Hilfe und Unterstützung bietet und ihn am Zusammenhalt der Gruppe partizipieren lässt.

Ein Neuling sollte der Gruppe ebenso seine Solidarität erweisen, indem er sich nicht umorientiert oder abwerben lässt, sondern sich verbindlich auf sie einlässt. Solidarität von beiden Seiten ist unerlässlich, wenn eine Herausforderung, wie zum Beispiel die Aufnahme und Einbindung eines Neulings in eine Gruppe, gemeistert werden soll (Jeffries 2014, Laitinen et al. 2014, Salas et al. 2015).

Sich integrieren

Zeigen Sie der Gruppe, zu der Sie gehören möchten, Ihre Solidarität auf verschiedene Weise.

Seien Sie auch solchen Personen gegenüber solidarisch, denen es schlechter als Ihnen ergeht.

Freuen Sie sich, wenn die Gruppe sich Ihnen gegenüber solidarisch verhält und zum Beispiel trotz Kritik und Widerständen zu Ihnen steht.

Betrachten Sie Solidarität als Wert an sich, unabhängig von Ihrer Integration in eine Gruppe. Versuchen Sie allgemein, zu einer Sache zu stehen, Zusammenhalt und Verbundenheit zu pflegen, für jemanden einzustehen und nicht aufzugeben, auch wenn es einmal schwierig wird.

Andere integrieren

Pflegen Sie die Solidarität innerhalb Ihrer Gruppe. Solidarität ist nicht immer selbstverständlich, sondern man muss sie sich hin und wieder bewusst machen und kontinuierlich an ihr arbeiten.

Legen Sie fest, wo die Solidarität Ihrer Gruppe anfängt und wo sie aufhört. Machen Sie sich klar, dass Solidarität auch ausgenützt werden kann. Es gibt immer mal wieder Verräter und Schmarotzer. Seien Sie deshalb auf der Hut, aber lassen Sie sich davon Ihre solidarische Grundhaltung nicht nehmen.

Diskutieren Sie in Ihrer Gruppe öfter mal über Solidarität (zum Beispiel zu einer Sache zu stehen und füreinander einzustehen). Beziehen Sie in die Diskussion auch auf die Solidarität der Gruppe gegenüber Neulingen.

Reichen Sie dem Neuling die Hand. Teilen Sie mit ihm, und lassen Sie ihn teilnehmen.

Stehen Sie dem Neuling zur Seite, und stehen Sie für ihn ein.

Hoffen Sie darauf, dass sich der Neuling der Gruppe gegenüber solidarisch verhält.

Werfen Sie nicht gleich das Handtuch, wenn es schwierig ist, solidarisch zu sein.

Seien Sie mit anderen Personen, Gruppen oder Institutionen solidarisch, wenn sie ähnliche Ziele wie Sie verfolgen.

Solidarität kann sich langfristig und in bestimmten Situationen auszahlen. Machen Sie sich klar, dass Sie abhängig voneinander sind, sowohl die Gruppenmitglieder als auch die Gruppe und der Neuling voneinander. Wenn Sie sich heute als solidarisch gegenüber jemandem erweisen, wird er es morgen wahrscheinlich auch gegenüber Ihnen sein.

16 Toleranz

Toleranz bedeutet, fremde Handlungsweisen, Einstellungen und Sitten gelten und gewähren zu lassen, zu dulden und zu achten. Ein toleranter Mensch ist jemand, der duldsam, nachsichtig und großzügig ist und andere sein lassen kann, wie sie sind. Toleranz ist eine Voraussetzung für ein friedliches Zusammenleben und für Integration.

Einer Gruppe gehören in der Regel Personen an, die sich in gewissen Dingen unterscheiden. Damit sie ihren gemeinsamen Interessen und Zielen folgen können, müssen sie die Unterschiede gegenseitig tolerieren. Denn ohne Toleranz können sie als Gruppe nicht bestehen.

Auch ein Neuling muss tolerant sein. Er muss die Gruppe, zu der er gehören möchte, grundlegend tolerieren, um sich einfügen und dabeibleiben zu können.

Die Gruppe und der Neuling müssen sich im Sinne einer toleranten Haltung zunächst einmal kennenlernen und sich um gegenseitiges Verständnis bemühen. Dabei treten Gemeinsamkeiten und Unterschiede zutage. Es gilt, einzuschätzen, ob die Gemeinsamkeiten zum Aufbau einer vertiefenden Beziehungen ausreichen und ob die Unterschiede ausgehalten werden und eventuell sogar als Ansporn für Veränderungen und Neuerungen herangezogen werden können. Wenn es gelingt, Unterschiede zu akzeptieren, ohne sich selbst oder den Anderen verbiegen zu wollen, ist ein Zwischenziel bereits erreicht.

Sowohl die Gruppe als auch der Neuling müssen bleiben können und von den anderen geachtet und geduldet werden, wie sie sind. Gleichzeitig müssen sie sich aber auch neuen, gemeinsamen Zielen zuwenden und dafür eventuell ein paar Abstriche machen und Kompromisse eingehen. Wenn Bestehen-Bleiben und Sich-Entgegenkommen sich die Waage halten und von beidseitiger Toleranz getragen werden, kann auch das Hauptziel, nämlich die Integration des Neulings in die Gruppe, erreicht werden (Furedi 2011, Witenberg 2016).

Sich integrieren

Arbeiten Sie stets daran, die Basis Ihrer Toleranz, nämlich Ihr Wissen und Ihre Bildung, zu erweitern. Setzen Sie beides ein, um sich gründlich und unvoreingenommen über die Gruppe zu informieren.

Nehmen Sie Kontakt mit der Gruppe auf, um sich Eindrücke von ihr zu verschaffen. Erarbeiten Sie sich eine breite Basis aus Kenntnissen, Erfahrungen und persönlichen Eindrücken, um die Unterschiede und Gemeinsamkeiten zwischen Ihnen und der Gruppe feststellen zu können.

Überlegen Sie, ob Sie gemeinsame Ziele und Werte mit der Gruppe haben und ob Sie sie in Zukunft mit tragen wollen. Überlegen Sie dann, ob Sie die Unterschiede ertragen und dulden können. Wenn Sie beides mit „ja" beantworten, wird Ihnen das bei der Integration helfen; lautet Ihre Antwort hingegen „nein" (oder „ja" und „nein"), dann sollten Sie Ihren Wunsch, zur Gruppe zu gehören, nochmal überdenken und sich anschließend entweder wirklich zu ihr bekennen (und die Unterschiede dementsprechend tolerieren) oder Abstand von der Gruppe nehmen.

Erwarten Sie von der Gruppe, dass sie Sie toleriert.

Prüfen Sie, in welchen Punkten Sie und die Gruppe intolerant sind. Fragen Sie sich, welche Auswirkungen das haben könnte und ob es geändert werden muss/kann.

Üben Sie sich bei allem, was Sie denken und tun, in Toleranz. Das setzt voraus, dass Sie sich stets gut informieren, sich ernsthaft auseinandersetzen und manchmal auch „über ihren Schatten springen" (also sich überwinden) müssen.

Toleranz hat jedoch auch Grenzen. Sie hört immer dann auf, wenn ethisch-moralische Grenzen überschritten werden und jemand zu Schaden kommt. Sie müssen sich nicht alles gefallen lassen, allem zustimmen und alles gutheißen. Legen Sie für sich selbst die Grenzen Ihrer Toleranz fest, und halten Sie sie ein.

Freuen Sie sich über Toleranz Ihnen gegenüber.

Seien Sie anderen gegenüber tolerant, wenn es angebracht und sinnvoll ist.

Andere integrieren

Üben Sie Toleranz innerhalb der Gruppe und gegenüber allen Gruppenmitgliedern. Üben Sie sich darin, Dinge zu dulden und auszuhalten, die ihnen fremd und anders erscheinen.

Tolerieren Sie andere Gruppen, Personen und Institutionen, sofern es angebracht und sinnvoll ist.

Prüfen Sie, wie es um Toleranz und Intoleranz in der Gruppe steht.

Legen Sie Grenzen fest, was innerhalb der Gruppe und von der Gruppe toleriert wird und was nicht.

Bringen Sie dem Neuling Toleranz entgegen.

Erwarten Sie vom Neuling Toleranz gegenüber der Gruppe.

Folgen Sie dem Leitspruch: „Leben und leben lassen."

17 Unterstützung

Um zu unterstützen oder sich unterstützen zu lassen bedarf es anderer Personen. Wer jemanden unterstützen möchte, muss wissen, dass dieser Hilfe benötigt und braucht selbst einen guten Grund dazu. Wer sich unterstützen lassen möchte, muss erkennen, dass er es ohne Hilfe nicht schafft bzw. mit Hilfe besser schaffen würde, und muss bereit sein, um Hilfe zu bitten und sie anzunehmen. Unterstützung zu geben und zu akzeptieren ist in unserer Welt, in der fast alles käuflich ist, selten geworden, aber ausgestorben ist es dennoch nicht – zum Glück, denn wer Unterstützung erhält oder gewährt, lebt gesünder und besser.

Auch Gruppen leben vom Geben und Nehmen, vom Unterstützen und Sich-unterstützen-Lassen. Denn schließlich hat jedes Gruppenmitglied Bedürfnisse, die es innerhalb und mit der Gruppe befriedigen möchte. Zudem bietet die Gruppe als Ganzes anderen Gruppen, Personen oder Institutionen Unterstützung oder bittet darum, um Ziele zu erreichen.

Ein Neuling, so scheint es auf den ersten Blick, ist hauptsächlich auf die Unterstützung der Gruppe angewiesen, wenn er sie kennenlernen und sich eingliedern möchte, und nicht umgekehrt. Tatsächlich aber auch der Neuling der Gruppe einiges zu bieten und kann sie unterstützen.

Es gilt daher, festzustellen, wer in welchen Bereichen Unterstützung benötigt oder anbieten kann. Auf diese Weise profitieren beide, die Gruppe und der Neuling (Cohen et al. 2000, Gladding 2015, Kosslyn u. Rosenberg 2010).

Sich integrieren

Seien Sie generell dazu bereit, andere zu unterstützen. Unterstützen Sie selbstlos, also ohne Ihre Hilfe aufzurechnen oder eine Gegenleistung zu erwarten.

Unterstützen Sie eher als dass Sie sich unterstützen lassen.

Versuchen Sie, herauszufinden, in welchen Bereichen die Gruppe Unterstützung benötigt und Sie ihr Hilfe anbieten können.

Stellen Sie fest, wo Sie die Unterstützung der Gruppe benötigen. Bitten Sie die Gruppe um Unterstützung bei konkreten Dingen.

Verweigern Sie Hilfe und Unterstützung nicht, wenn Sie darum gebeten werden.

Freuen Sie sich, wenn Sie unterstützt werden.

Unterstützen Sie diejenigen, die Sie unterstützen.

Andere integrieren

Erweisen Sie sich als großzügig. Geben Sie mehr als Sie nehmen oder erwarten.

Erkennen Sie es, geben Sie es zu, und bitten Sie darum, wenn Sie Unterstützung benötigen.

Unterstützen Sie sich gegenseitig in der Gruppe so gut es geht. Unterstützen Sie auch andere Gruppen, Personen und Institutionen.

Unterstützen Sie den Neuling vorbehaltlos und so gut Sie können. Das liegt nicht nur im Interesse des Neulings, sondern auch in Ihrem eigenen, denn Ihre Gruppe ist nur so stark wie das schwächste Mitglied. Indem Sie jedes Mitglied kontinuierlich fördern und stärken, wird Ihre gesamte

Gruppe stark und beständig.

Sollten Sie damit Probleme haben, den Neuling aufzunehmen, in die Gruppe einzubinden und tatkräftig zu unterstützen, dann sollten Sie sich von qualifizierten Personen oder Institutionen außerhalb der Gruppe beraten und helfen lassen. Gegebenenfalls sollten Sie sich auch darin schulen lassen.

Hoffen Sie darauf, dass der Neuling bereit ist, die Gruppe zu unterstützen.

Bitten Sie den Neuling um seine Unterstützung, wenn Sie Hilfe brauchen.

Machen Sie gegenseitige Unterstützung zu einer Maxime Ihres Umgangs mit anderen.

18 Verantwortung

Verantwortung zu übernehmen bedeutet, sich verantwortlich zu fühlen, für etwas einzustehen und die Folgen zu tragen. Es bedeutet auch, das Richtige und Notwendige zu tun und Schaden abzuwenden. Verantwortung zu tragen ist oft nicht einfach und mit Verpflichtungen verbunden.

Gruppen tragen Verantwortung für ihre Mitglieder und ihr Handeln. Sie sind zum Beispiel dafür verantwortlich, dass Regeln aufgestellt und eingehalten werden. Es ist ihre Aufgabe, sich um den Aufbau, den Erhalt und den Fortbestand der Gruppe zu kümmern. Sie müssen darauf achten, dass sie sich nach außen geschlossen und positiv präsentieren und mit anderen Gruppen, Institutionen oder Personen konstruktiv zusammenarbeiten. Sie tragen Verantwortung dafür, dass Ziele und Erfolge erreicht sowie Schäden, Niedergang und Misserfolge vermieden werden. Außerdem müssen sie dafür sorgen, dass die Mitglieder miteinander auskommen, zusammenarbeiten, ihre Rechte wahrnehmen können, von der Gruppenzugehörigkeit profitieren und der Gruppe erhalten bleiben. Darüber hinaus sind sie verantwortlich dafür, neue Mitglieder zu gewinnen und diese zu integrieren – Gruppen haben also viel Verantwortung.

Ein Neuling kann sich allerdings nicht gänzlich darauf verlassen, dass eine Gruppe ihrer Verantwortung immer nachkommt und ihn ohne Umstände integriert. Er muss vielmehr für seine Integration selbst die Verantwortung übernehmen (Gazzaniga 2012, Izzo 2012).

Sich integrieren

Scheuen Sie sich nicht davor, Verantwortung zu übernehmen.

Fühlen Sie sich für Ihre Integration in die Gruppe selbst verantwortlich. Warten Sie nicht darauf, dass andere aktiv werden, sondern überlegen Sie, wie Sie vorgehen können oder müssen, um sich in die Gruppe einzufügen und einen festen Platz darin zu finden.

Tun Sie jeden Tag etwas für Ihre Integration. Übernehmen Sie Aufgaben, Positionen oder Funktionen, sprechen Sie mit unterschiedlichen Menschen, machen Sie sich nützlich, und unternehmen Sie vieles, auch wenn es zunächst nur Kleinigkeiten sind. Sie zeigen damit, dass Sie dazugehören wollen und bereit sind, etwas dafür zu tun.

Übernehmen Sie – wenn möglich – die Verantwortung für einen bestimmten Bereich oder für eine bestimmte Angelegenheit der Gruppe.

Machen Sie sich klar, dass Ihre Integration nicht allein in Ihrer Verantwortung liegt, sondern auch in der der Gruppe.

Übernehmen Sie Verantwortung, und erwarten Sie dies auch von anderen.

Andere integrieren

Fühlen Sie sich verantwortlich, und zeigen Sie verantwortungsvolles Verhalten, wo immer es nötig und sinnvoll ist.

Scheuen Sie sich nicht davor, Verantwortung zu tragen.

Zeigen Sie verantwortungsvolles Verhalten in der Gruppe und für die Gruppe.

Übernehmen Sie und die Gruppe Verantwortung für die Integration eines Neulings.

Binden Sie den Neuling in die Gruppe ein, indem Sie ihm Verantwortung für einen Bereich übertragen, damit er sich geachtet fühlt und sich bewähren kann.

Freuen Sie sich, wenn der Neuling selbst Verantwortung dafür übernimmt, sich zu integrieren.

19 Verständnis

Verständnis zu haben bedeutet, sich in jemanden so hinein-zuversetzen, dass man sein Denken, Fühlen und Handeln nachvollziehen und eventuell wirklich verstehen kann – selbst wenn es nicht dem eigenen Denken, Fühlen und Handeln entspricht. Voraussetzung dafür ist, dass man sich über die Lage eines Anderen informiert und ihn gut kennenlernt, und zwar möglichst vorurteils- und wertungsfrei. Dazu muss man mit ihm in Kontakt treten, sich mit ihm unterhalten und ihm vor allem zuhören. Eventuell sollte man sich auch aus anderen Quellen Informationen über ihn verschaffen, sodass man sich ein möglichst umfassendes und vielschichtiges Bild von ihm machen kann. Neben dem Informieren ist es unerlässlich, sich gefühlsmäßig in den Anderen hineinzuversetzen, also nachzuvollziehen, von welchen Emotionen er sich leiten lässt. Darüber hinaus sollte man die Motive ebenso wie Kultur, Traditionen, Erziehung, Alter, Herkunft, Bildung, soziale Schicht, Nationalität und vieles mehr kennen, um Verständnis für eine Person entwickeln zu können.

Verständnis für andere aufzubringen ebnet oft den Weg dafür, sie auch wertzuschätzen und sympathisch zu finden. Aus Verständnis wird daher häufig Freundschaft.

In einer Gruppe haben die Mitglieder füreinander Verständnis, sonst könnten sie keine Gruppe bilden. Gegenseitiges Verständnis stellt eine Basis für jede Gruppe dar. Dies wird jedoch nicht immer offen angesprochen, sondern oft nur vorausgesetzt. Zum Thema wird es erst dann, wenn etwas geschieht, für das ein Mitglied oder die Gruppe kein Verständnis aufbringt.

Verständnis füreinander in einer Gruppe ist einerseits selbstverständlich, andererseits gibt es auch hierbei Grenzen. Werden diese überschritten und kann zum Beispiel ein Mitglied kein Verständnis für etwas aufbringen, dann kann dies die Gruppe spalten, sie wird für sich selbst oder für andere zur Gefahr oder zerbricht. Das Ausmaß des Verständnisses füreinander, für bestimmte Situationen und Angelegenheiten sowie für andere Personen, Gruppen und Institutionen sollte daher von einer Gruppe festgelegt werden.

Ein Neuling ist auf das Verständnis der Gruppe besonders angewiesen, weil er quasi schutzlos ist und Unterstützung benötigt. Er selbst ist jedoch ebenso dazu angehalten, Verständnis für die Gruppe und die Gruppenmitglieder aufzubringen. Gruppen und Neulinge, die sich dessen bewusst sind und darum bemühen, ein echtes Verständnis füreinander zu entwickeln, sind in Sachen Integration auf einem guten Weg (Halvorson 2015).

Sich integrieren

Bringen Sie anderen Verständnis entgegen. Versuchen Sie, sich in sie hineinzuversetzen und nachzuvollziehen, weshalb sie so denken und handeln, wie sie es tun.

Hoffen Sie auf Verständnis von anderen, und/oder bitten Sie darum.

Um verstanden zu werden, müssen Sie sich öffnen, und zum Beispiel Ihre Einstellungen und Verhaltensweisen erläutern oder etwas aus Ihrem Leben erzählen. Außerdem müssen Sie die Sprache und Gepflogenheiten derjenigen, auf deren Verständnis Sie hoffen, kennen und beherrschen.

Rechnen Sie damit, dass nicht jeder Verständnis für Sie hat und sich in Sie hineinversetzen kann. Nehmen Sie es nicht zu schwer.

Üben Sie sich in der Kunst, sich in andere hinein zu denken und zu fühlen – das wird Ihnen den Umgang mit ihnen erleichtern.

Andere integrieren

Machen Sie gegenseitiges Verständnis zur Ausgangsbasis Ihrer Gruppe, denn ohne Verständnis geht es nicht.

Versuchen Sie stets, sich in andere hineinzuversetzen. Überlegen Sie sich, was andere denken, fühlen und tun könnten. Das Verständnis für andere erleichtert es Ihnen, für eine entspannte Atmosphäre und ein gutes Funktionieren der Gruppe zu sorgen.

Bringen Sie Verständnis für andere Gruppen, Personen und Institutionen auf.

Bringen Sie dem Neuling viel Verständnis entgegen. Seien Sie geduldig und nachsichtig mit ihm, und geben Sie ihm Zeit.

Versetzen Sie sich in die Lage des Neulings. Wenn Sie auf verschiedenen Ebenen (Gedanken, Gefühle, Handeln) nachvollziehen können, wie es dem Neuling geht, können Sie viel zielgerichteter und einfühlsamer mit ihm umgehen.

Versuchen Sie generell, Missverständnissen vorzubeugen. Sollte es trotzdem dazu kommen, tun Sie alles dafür, um sie aus dem Weg zu räumen.

Üben Sie sich darin, andere besser zu verstehen, denn davon profitieren Sie und Ihre Mitmenschen gleichermaßen.

20 Vertrauen

Vertrauen ist in zwischenmenschlichen Beziehungen unerlässlich. Denn schließlich kann niemand ständig alles kontrollieren und im Griff behalten. Außerdem kann niemand in die Köpfe anderer Leute hineinschauen. Er muss also darauf setzen, dass andere in seinem Sinne handeln. Er muss zudem Macht und Kontrolle abgeben, delegieren und anderen einen Vertrauensvorschuss gewähren. Das fällt nicht jedem leicht.

Mit einer vertrauensvollen Haltung durchs Leben zu gehen, ist sicher nicht falsch. Es gilt aber auch: „Vertrauen ist gut, Kontrolle ist besser." Vertrauen sollte nicht „blind" und naiv sein, sondern stets mit einem Quäntchen Misstrauen und Kontrolle einhergehen. Dabei ist jedoch darauf zu achten, dass Misstrauen und Kontrolle nicht die Überhand gewinnen und die Beziehungen zu anderen vergiften.

Gegenseitiges Vertrauen ist in einer Gruppe sehr wichtig. Da es aber nicht immer selbstverständlich ist, sollte in der Gruppe bei Bedarf darüber gesprochen werden. Vertrauen sollte in einer Gruppe kontinuierlich vorgelebt und gelebt werden.

Auch in einer Gruppe kann gesundes Misstrauen angebracht sein. Denn es wird stets Mitglieder geben, die eigenmächtig handeln, und es passiert immer wieder, dass Informationen verloren gehen oder dass das Vertrauen missbraucht wird. In eine Gruppe muss daher grundsätzliche Einigkeit über die Ziele und Vorgehensweisen herrschen, an die sich alle halten sollten. Wird das Vertrauen missbraucht, muss es entsprechende Sanktionen geben.

Vertrauen ist auch seitens der Gruppe bei der Einbindung eines Neulings von Belang, denn die Gruppe kann nicht alles über ihn wissen und ihn auch nicht ständig überwachen. Er ist zunächst ein unbekanntes Wesen, bei dem die Gruppe einfach ein Stück weit darauf vertrauen muss, dass er keine bösen Absichten hegt, sondern guten Willens ist.

Und schließlich muss auch ein Neuling darauf vertrauen, dann man ihm vertraut und er der Gruppe vertrauen kann.

Gruppen, in denen gegenseitiges Vertrauen vorhanden ist, und Neulinge, die Vertrauen entwickeln können, bringen gute Ausgangsbedingungen für die Integration mit (Aronson et al. 2015, Solomon u. Flores 2003).

Sich integrieren

Vertrauen Sie anderen. Seien Sie nicht grundsätzlich misstrauisch. Verlassen Sie sich darauf, dass Ihnen viele Menschen wohlgesinnt sind.

Vertrauen Sie darauf, dass viele Dinge schon gutgehen werden. Seien Sie optimistisch und zuversichtlich.

Seien Sie dankbar, wenn Ihnen die Gruppe, zu der Sie gehören wollen, vertraut. Erweisen Sie sich ihrem Vertrauen als würdig. Bringen Sie ihr ebenfalls Vertrauen entgegen.

Rechnen Sie damit, dass nicht alle in der Gruppe Ihnen vertrauen, sondern dass Sie überprüft, kontrolliert und auf die Probe gestellt werden.

Vertrauen Sie nicht blind. Schauen Sie genau hin, prüfen Sie die Dinge, und lassen Sie sich nicht ausnützen. Seien Sie auf der Hut, und schützen Sie sich selbst.

Vertrauen kann man nicht erzwingen, sondern nur erlangen bzw. gewinnen. Versuchen Sie, Vertrauen zu schaffen und zu wecken. Tun Sie etwas dafür, damit man Ihnen vertraut.

Andere integrieren

Vertrauen sollte eine grundlegende Haltung in Ihrem Leben und in Ihrer Gruppe sein.

Sorgen Sie für Vertrauen, und pflegen Sie das Vertrauen zwischen den Gruppenmitgliedern. Das ist wichtig für die Atmosphäre in einer Gruppe. Je mehr sich die Gruppenmitglieder vertrauen, desto wohler fühlen sie sich.

Hüten Sie sich davor, Misstrauen zu einer vorherrschenden Haltung werden zu lassen.

Vertrauen ist auch deshalb dem Misstrauen vorzuziehen, weil es sehr aufwändig wäre, alles immer zu kontrollieren und zu überwachen. Wenn Sie realistisch sind, wissen Sie, dass das nicht leistbar ist.

Vertrauen zahlt sich meistens aus, beispielsweise wenn Menschen, denen Vertrauen entgegengebracht wird, dieses Vertrauen zu würdigen wissen und ebenfalls vertrauen.

Seien Sie sich bewusst, dass Vertrauen auch Grenzen hat und ausgenützt werden kann. Legen Sie Regeln und Grenzen fest, wo Vertrauen aufhört und Misstrauen angebracht ist. Seien Sie im Sinne des Selbstschutzes auf der Hut, ohne es jedoch zu übertreiben. Finden Sie die richtige Balance zwischen Vertrauen und Kontrolle.

Fordern Sie die Gruppe auf, den Gruppenmitgliedern und einem Neuling Vertrauen entgegenzubringen. Leben Sie Vertrauen Tag für Tag in Ihrer Gruppe.

Gewähren Sie einem Neuling einen Vertrauensvorschuss. Wenn er spürt und erlebt, dass Sie und die Gruppe ihm vertrauen, wird er das Vertrauen wahrscheinlich nicht missbrauchen, sondern sich als vertrauenswürdig erweisen.

Tun Sie etwas dafür, dass der Neuling Vertrauen zu Ihnen und zur Gruppe fassen kann.

Werten Sie es als Erfolg, wenn der Neuling Ihnen vertraut.

Seien Sie ein Vorbild in Sachen gesundes Vertrauen.

21 Wertschätzung

Wertschätzung bedeutet, etwas zu achten und anzuerkennen. Es heißt, den Wert einer Sache zu erkennen, etwas zu schätzen wissen und die positiven Seiten an einer Sache in den Vordergrund zu rücken. Aus Wertschätzung entspringt häufig Lob, Dank und Anerkennung. Wertschätzung kommt in der heutigen Zeit allerdings oft zu kurz. Denn der Blick vieler Menschen und Medien ist mehr auf das Negative als auf das Positive gerichtet. Deshalb wird auch viel geschimpft und gejammert, obwohl die Lage vieler Menschen insgesamt eigentlich gut ist. Mit einer wertschätzenden Haltung lässt sich dies ändern.

Es sollte nicht nur Positives, sondern auch Negatives wertgeschätzt werden. Denn oftmals lernt man nur aus Kritik, Niederlagen und Fehlern etwas. Aus diesem Grund sind auch sie etwas wert.

Eine Voraussetzung für Wertschätzung ist die Kenntnis davon, dass alles auch schlechter sein kann. Wer im Leben schwere Zeiten durchgemacht oder schon Schlimmeres als das momentan Vorhandene erlebt hat, der weiß es zu schätzen, wenn etwas einigermaßen funktioniert, wenn der Umgang miteinander friedlich und freundschaftlich ist, wenn man sich gegenseitig Respekt und Achtung entgegenbringt oder wenn ein Lob ausgesprochen wird.

Wertschätzung hilft dabei, über Unzulänglichkeiten hinwegzusehen, den Glauben und die Hoffnung nicht zu verlieren und das Leben insgesamt in einem positiven Licht zu betrachten.

In einer Gruppe sollten sich alle Mitglieder gegenseitig wertschätzen, auch wenn sie nicht immer einer Meinung sind und sich verschieden stark einbringen. Wertschätzung in einer Gruppe geht mit Respekt, Vertrauen und Freundlichkeit einher und trägt dazu bei, dass eine gute und produktive Atmosphäre entsteht. Eine Gruppe sollte darüber hinaus auch andere Gruppen, Personen und Institutionen, ja sogar „Gegner", wertschätzen, denn sie bieten Reibungsflächen, halten wachsam und beweglich, erfordern Selbstreflexion und eröffnen neue Perspektiven.

Ein Neuling sollte die Gruppe, zu der er gehören möchte, grundlegend wertschätzen. Auch die einzelnen Mitglieder sollte er prinzipiell achten und wertschätzen. Erfährt ein Neuling Wertschätzung seitens der Gruppe, wird er sie ebenfalls mit Wertschätzung betrachten und sich als geachtetes neues Mitglied fühlen.

Wenn Wertschätzung der Gruppe und des Neulings aufeinandertreffen, bildet dies eine gute Grundlage für die Integration des Neulings (Robbins 2007).

Sich integrieren

Seien Sie dankbar für das, was Sie sind und was Sie haben.

Freuen Sie sich, wenn man Ihnen mit Freundlichkeit, Achtung und Wertschätzung begegnet.

Bedanken Sie sich für alles, was die Gruppe, der Sie angehören möchten, Ihnen gibt, schenkt oder für Sie tut.

Zeigen Sie den Gruppenmitgliedern Ihre Wertschätzung, indem Sie loben, sich freuen, bedanken und ggf. revanchieren. Wenn möglich, sollten Sie Ihre Wertschätzung nicht nur in Worten, sondern auch in Gesten ausdrücken, zum

Beispiel in einer Umarmung, in einem Händedruck, in einem Geschenk oder in einer Einladung.

Lernen Sie, einen Blick für die vielen kleinen Freuden und Annehmlichkeiten des Lebens zu entwickeln und sie wertzuschätzen. Dadurch werden Sie dankbarer, demütiger und bescheidener, was zu innerer Zufriedenheit und Glück führen kann.

Andere integrieren

Achtung, Respekt und Wertschätzung sollten Leitprinzipien Ihrer Gruppe sein, auf deren Einhaltung besonders geachtet werden sollte. Legen Sie wert darauf, dass sich die Gruppenmitglieder untereinander stets wertschätzend behandeln.

Schätzen Sie als Gruppe auch andere Gruppen, Personen und Institutionen wert, auch wenn diese andere Meinungen vertreten als Sie.

Schätzen Sie es wert, wenn Ihre Gruppe gut funktioniert.

Zeigen Sie dem Neuling von Anfang an Ihre Wertschätzung, und zwar unabhängig von seinen Leistungen, seinem Status oder seiner Nützlichkeit. Schätzen Sie ihn einfach als Mensch und als neues Gruppenmitglied.

Wertschätzung hilft dem Neuling, sich als jemand mit „Wert" zu fühlen. Das stärkt sein Vertrauen und sein Selbstwertgefühl, gibt ihm Sicherheit und hilft ihm über anfängliche Ängste und Unsicherheiten hinweg.

Wenn Sie dem Neuling Wertschätzung entgegenbringen, wird er das ebenso für die Gruppe tun.

Freuen Sie sich darüber, wenn der Neuling Ihre Bemühungen um ihn und seine Integration zu schätzen weiß.

22 Wissen

Wissen hilft dabei, viele Dinge eher zu erkennen und zu verstehen.

Gruppen benötigen Wissen, denn sie müssen etwas über sich selbst und andere wissen und sich immer wieder mehr und neues Wissen verschaffen, um fortbestehen zu können. Daher ist es notwendig, dass die Mitglieder einer Gruppe gut informiert bzw. ausgebildet sind und sich kontinuierlich weiterbilden.

Wissen und Bildung sind die Grundlagen für Verständnis und Akzeptanz. Je besser sich die Mitglieder einer Gruppe gegenseitig kennen, desto reibungsloser können sie zusammenarbeiten. Je mehr sie davon verstehen, was sie tun und anstreben, desto erfolgreicher sind sie. Je besser Gruppen über andere Gruppen, Personen oder Institutionen informiert sind, desto größer sind Verständnis und Akzeptanz.

Gruppen können Wissen erwerben, sie sind jedoch auch auf Wissen von außen angewiesen. Deshalb sind sie daran interessiert, Mitglieder zu gewinnen oder zu halten, die Wissen mitbringen oder sich aneignen.

Ein Neuling benötigt ebenfalls Wissen, denn er muss über die Gruppe informiert sein, in die er sich integrieren möchte. Er muss sich außerdem Wissen, Informationen und Kenntnisse aneignen und sie umsetzen, die ihm dabei helfen, in die Gruppe hineinzufinden.

Durch Wissen und Bildung wird eine wichtige Basis für Integration geschaffen (Thompson 2014).

Sich integrieren

Gehen Sie mit offenen Augen und Ohren durchs Leben. Nehmen Sie immer und überall Informationen auf. Schätzen Sie Wissen und Bildung als hohes Gut wert.

Informieren Sie sich zu gut wie möglich über die Gruppe, zu der Sie gehören möchten. Nutzen Sie Ihr Wissen, um sich schnell und gründlich zu integrieren.

Überlegen Sie, welches (zusätzliche) Wissen der Gruppe nützlich sein könnte. Prüfen Sie, ob Sie dieses (zusätzliche) Wissen haben oder sich aneignen können, um es der Gruppe zur Verfügung zu stellen.

Prüfen Sie, welche Informationen und Kenntnisse die Gruppe Ihnen zur Verfügung stellen kann.

Setzen Sie Ihr Wissen und Ihre Bildung dazu ein, um für Verständnis für sich zu werben und um Verständnis für andere zu entwickeln.

Investieren Sie in Bildung, sowohl in Ihre eigene als auch in die aller Personen, für die Sie zuständig sind. Fördern Sie jede Bemühung, sich Wissen anzueignen.

Bilden Sie sich unabhängig von Ihrem Streben nach Integration stets gut aus und fort, um sich viele Chancen im Leben zu eröffnen.

Andere integrieren

Seien Sie stets gut informiert. Bemühen Sie sich um Wissen und Bildung.

Geben Sie Informationen zeitnah und großzügig in der Gruppe weiter.

Sorgen Sie für einen hohen Wissens- und Kenntnisstand in Ihrer Gruppe.

Bemühen Sie sich darum, das Wissen und Können Ihrer Gruppe immer auf dem aktuellsten Stand zu halten und es zu mehren.

Machen Sie der Gruppe den Erwerb von Wissen schmackhaft. Belohnen Sie Wissen und Bildung.

Nutzen Sie Wissen und Bildung, um in der Gruppe Verständnis und Akzeptanz für den Neuling zu wecken.

Informieren Sie den Neuling so ausführlich wie möglich. Je mehr er weiß, desto sicherer fühlt er sich und desto eher kann er sich einbringen.

Fördern Sie die Bemühungen des Neulings, sich Wissen und Bildung anzueignen.

Freuen Sie sich, wenn der Neuling sich Wissen aneignet oder neues Wissen mitbringt.

Betrachten Sie Wissen und Bildung als hohes Gut, zu dem jeder Zugang haben sollte.

23 Zurückhaltung

Zurückhaltung bedeutet, sich nicht sofort voll ins Geschehen zu stürzen und etwas auf einen neuen Kurs zu bringen, sondern zunächst zu beobachten, abzuwarten und Geduld zu haben. Mit der Kunst, sich zurückzunehmen, zu warten und sich still zu verhalten, erreicht man oft mehr als mit Aktivismus.

Viele Gruppen und Systeme funktionieren in der Regel gut und haben keinen oder keinen größeren Veränderungsbedarf. Wenn nun jemand daherkommt, der schlagartig und womöglich ohne Rücksprache und Einverständnis der Betroffenen etwas verändern und obendrein alles besser machen will, reagieren sie mit Widerstand und versuchen, Änderungen zu verhindern. Von einem Neuen bzw. Fremden, den sie nicht kennen und der sich weder ihre Anerkennung noch ihr Vertrauen verdient hat, lassen sie sich ohnehin nichts sagen. Eine Gruppe braucht Zeit, um einen Neuling kennenzulernen, zu akzeptieren und sich an ihn zu gewöhnen. Ein Neuling sollte sich also zunächst zurückhalten, wenn er sich in eine Gruppe integrieren möchte.

Ebenso sollte sich eine Gruppe zwar für einen Neuling öffnen, ihn aber nicht gleich mit Fragen, Aufgaben und Pflichten „überfallen", sondern sich diesbezüglich zurückhalten. Gehen Neuling und Gruppe interessiert und offen, aber auch abwartend, geduldig und zurückhaltend aufeinander zu, ist das der Integration zuträglich (Cain 2013).

Sich integrieren

Üben Sie sich in neuen und fremden Situationen stets in Zurückhaltung.

Verhalten Sie sich zurückhaltend, wenn Sie sich in eine Gruppe integrieren möchten, denn somit verschaffen Sie sich mehr Sympathien, als wenn Sie alles besser wissen und gleich etwas ändern wollen. Geben Sie der Gruppe Zeit, Sie kennenzulernen, und streben Sie anfangs keine Veränderungen an.

Seien Sie als Neuling geduldig, und üben Sie sich in der Kunst des Zuhörens und Beobachtens.

Seien Sie zurückhaltend, und geben Sie nicht zu viel von sich preis geben. Natürlich ist die Gruppe neugierig und will Sie „beschnuppern". Erzählen Sie daher ein wenig von sich, aber nur etwas, das jeder wissen darf und das man leicht herausfinden kann. Vermeiden Sie es aber, sehr private Dinge herumzuerzählen, über die eventuell getratscht wird und die Ihnen zum Verhängnis werden können. Halten Sie sich daher unter allen Umständen zurück, auch wenn eine aufdringliche Person Sie unter Druck setzt, von Ihren Problemen, aus Ihrem Privatleben oder aus Ihrer Vergangenheit zu berichten.

Diese Zurückhaltung sollten Sie nicht nur im persönlichen Gespräch, sondern auch im Internet und in sozialen Netzwerken pflegen.

Bleiben Sie anderen gegenüber stets freundlich und neutral. Zeigen Sie keine negativen Emotionen wie Frustration, Enttäuschung oder Aggressivität. Lästern Sie niemals über andere Personen, und lenken Sie das Gespräch geschickt auf ein anderes Thema, wenn Sie sich ausgehorcht fühlen oder nicht näher auf ein Thema eingehen wollen. Sie können auch den Spieß umdrehen und Ihren Gesprächspartner befragen (ohne ihn auszuhorchen) – die meisten Menschen nehmen eine Aufforderung, von sich zu berichten, gerne an. Auf diese Weise erfahren Sie nicht nur etwas über Ihren Gesprächspartner und ggf. über die Gruppe, sondern können es auch entspannt vermeiden, zu viel über sich preis zu geben. Allgemein gilt nämlich: „Reden ist Silber, Schweigen ist Gold."

Nehmen Sie sich zurück, und drängen Sie der Gruppe nichts auf, zum Beispiel einen exzentrischen Kleidungsstil, eine von der Gruppe als unpassend empfundene Frisur oder irgendwelche Allüren. Versuchen Sie stattdessen, so unauffällig wie möglich zu sein und in die Gruppe und in ihre Regeln und Gepflogenheiten wie in einen Mantel hineinzuschlüpfen. Stellen Sie eine Zeit lang das Ausleben Ihrer Persönlichkeit und Ihres Egos hinten an (bzw. verlagern Sie dies ins Private), um sich andere Prioritäten, wie etwa Ihre Integration in die Gruppe, setzen zu können.

Das gilt selbst dann, wenn Sie Missstände entdecken. Halten Sie Ihre Meinung zurück, und spielen Sie erst einmal mit, auch wenn es Sie Selbstbeherrschung kostet. Ihre Zeit wird kommen, um die Missstände anzuprangern und zu beheben. Aber zunächst müssen Sie geduldig sein, denn es ist wichtiger, dass Sie in die Gruppe hineinkommen, als Probleme zu lösen. Sie können trotzdem nebenher und aktiv sein und zum Beispiel die Missstände beobachten und an Lösungsvorschlägen arbeiten.

Andere integrieren

Finden Sie die richtige Balance zwischen aktivem Tun und Zurückhaltung in Ihrer Gruppe.

Halten Sie sich zurück, wenn Sie neugierig sind. Sagen Sie nichts Schlechtes über andere.

Verhalten Sie sich zurückhaltend gegenüber einem Neuling, indem Sie keine zu hohen Erwartungen an ihn stellen, ihn aushorchen oder ihn mit Aufgaben und Pflichten überhäufen. Setzen Sie ihn nicht unter Druck, sondern geben Sie ihm Zeit, und warten Sie, bis er von selbst etwas von sich preis gibt, Fragen stellt oder in irgendeiner Weise aktiv wird.

Erwarten Sie von einem Neuling Zurückhaltung in dem Sinne, dass er sich nicht in Dinge einmischt, die er noch nicht versteht, oder dass er nicht schlecht über andere oder die Gruppe spricht. Fordern Sie ihn auf, und helfen Sie ihm dabei, erst einmal die Gruppe und alles andere gut kennenzulernen.

Hören Sie mehr zu als zu reden, und drängen Sie anderen nichts auf, dann machen Sie nichts falsch.

24 Zusammenhalt

Zusammenhalt wird von verschiedenen Aspekten bestimmt. Das können formale Aspekte sein, wie etwa Verträge, Verwandtschaft und Geschäftsbeziehungen, aber auch Emotionen, Ziele und Ideale.

Zusammenhalt ist für eine Gruppe wichtig und förderlich. Denn Gruppenmitglieder, die in ihrer Gruppe Zusammenhalt erleben, identifizieren sich mit ihr und entwickeln eine gemeinsame Identität. Ihre Bindung an die Gruppe ist stark. Sie empfinden die Gruppe in einem gewissen Sinn als Familie und Heimat.

Zudem fühlen sie sich ihrer Gruppe hochgradig verpflichtet. Sie sind ihr treu und verhalten sich loyal. Sie tun viel für die Gruppe, ihr Wohlergehen, ihr Wachstum und ihren Fortbestand. Dafür opfern sie einiges, wie zum Beispiel Zeit, Arbeitskraft und Geld. Gleichzeitig wehren sie alles ab, was der Gruppe schaden könnte.

Ein Gruppe mit stabilen Bindungen und einem engen Zusammenhalt läuft kaum Gefahr, Mitglieder zu verlieren und auseinanderzubrechen. Sie ist vielmehr in der Lage, Krisen, Probleme und Veränderungen zu bewältigen und die Kräfte ihrer Mitglieder zu bündeln. Im Hinblick auf die Integration sollte sie es einem Neuling ermöglichen, an diesem Zusammenhalt zu partizipieren.

Für einen Neuling ist es erstrebenswert, einer Gruppe mit einem guten Zusammenhalt anzugehören. Er muss die Bindung an die Gruppe aber erst aufbauen und sich in den Augen der Gruppe bewähren, damit sie ihn an ihrem Zusammenhalt teilhaben lässt (Forsyth 2013, Kunst et al. 2015, Salas et al. 2015).

Sich integrieren

Betrachten Sie Zusammenhalt als etwas Positives, nach dem es sich zu streben lohnt.

Erkennen Sie, was die Gruppe zusammenhält. Prüfen Sie, wie stark der Zusammenhalt der Gruppe ist.

Beteiligen Sie sich am Bemühen der Gruppe, ihren Zusammenhalt zu stärken.

Tragen Sie etwas zum Zusammenhalt der Gruppe bei.

Vermeiden Sie es, den Zusammenhalt der Gruppe zu stören. Helfen Sie ihr dabei, schädliche Einflüsse abzuwehren.

Fragen Sie sich, was Sie an die Gruppe bindet (rechtlich, finanziell, emotional, ideell usw.), und bauen Sie es aus.

Freuen Sie sich, wenn Sie vom Zusammenhalt der Gruppe profitieren können.

Pflegen Sie den Zusammenhalt. Stehen Sie für etwas ein, seien Sie solidarisch, und unterstützen Sie andere, wo immer es möglich und sinnvoll ist.

Andere integrieren

Achten Sie auf einen guten Zusammenhalt innerhalb Ihrer Gruppe.

Überlegen Sie, auf was der Zusammenhalt der Gruppe basiert und ob er stark oder schwach ausgeprägt ist.

Zeigen Sie dem Neuling auf vielfältige Weise, was Ihnen die Gruppe bedeutet und was sie zusammenhält. Vermitteln Sie ihm durch Gespräche und gemeinsame Aktivitäten ein „Wir-Gefühl".

Zeigen Sie ihm die positiven Seiten von Zugehörigkeit und Zusammenhalt.

Lassen Sie ihn den Zusammenhalt der Gruppe spüren, indem Sie ihn unterstützen und ihm bei Problemen helfen. Machen Sie es ihm leicht, sich mit der Gruppe, ihren Zielen und Idealen zu identifizieren. Sorgen Sie zum Beispiel dafür, dass es ihm gut geht und er sich sicher fühlt. Vermitteln Sie ihm Erfolgserlebnisse. Loben Sie ihn, und spornen Sie ihn an. Stärken Sie sein Selbstwertgefühl. Geben Sie ihm Chancen. Schaffen Sie die Voraussetzungen dafür, dass er sich zufrieden und respektiert fühlt, dann wird er sich gerne und beständig an Ihre Gruppe binden.

25 Zuversicht

Zuversicht, Vertrauen in die Zukunft und Optimismus können in vielen Situationen dabei helfen, Probleme zu überwinden. Wer positiv denkt und zuversichtlich ist, wird seine Ziele eher erreichen als jemand, der nur Negatives und Hindernisse sieht.

Gruppen brauchen Zuversicht, denn sie gibt Kraft und Mut, vermittelt Sinn und hilft dabei, Unannehmlichkeiten und Probleme leichter ertragen, aus Fehlern zu lernen und nach Rückschlägen weiterzumachen. Die Zuversicht ist eine treibende Kraft, die Gruppen darin unterstützt, eine Vision zu entwickeln und sie gegen Widerstände durchzusetzen.

Eine Gruppe, die einen Neuling integrieren möchte oder muss, benötigt Zuversicht, also den Glauben daran, dass es sich lohnt und mit vereinten Kräften gelingen wird, ihn zu integrieren.

Auch ein Neuling, der sich in eine Gruppe eingliedern möchte, muss optimistisch und zuversichtlich sein. Denn der Weg zur Integration ist manchmal steinig, und oft sieht es nicht danach aus, als würde sie gelingen. Missverständnisse, Frustration, Verärgerung und Hoffnungslosigkeit können immer wieder auftreten und den Prozess der Integration verzögern. Sich in schwierigen Phasen die Zuversicht zu erhalten oder sie neu zu entwickeln, ist daher eine Kunst. Wenn Gruppe und Neuling mit Zuversicht aufeinander und auf die gemeinsame Zukunft zugehen, ist dies der Integration dienlich (Seligman 2006).

Sich integrieren

Erwarten Sie stets das Beste, und bemühen Sie sich ernsthaft darum.

Denken Sie positiv über sich, die Gruppe und im Allgemeinen.

Seien Sie zuversichtlich, dass es mit Ihrer Integration irgendwann klappen wird. Wenn Sie stets nach vorne blicken und an das Erreichen Ihrer Ziele glauben, dann können Sie Probleme leichter wegstecken. Zuversicht und Optimismus geben Ihnen Kraft, weiterzumachen und nicht aufzugeben.

Lassen Sie sich generell nicht unterkriegen.

Freuen Sie sich darüber, wenn die Gruppe zuversichtlich ist, Sie integrieren zu können.

Wenn Sie Zuversicht ausstrahlen, wirkt das ansteckend auf andere, etwa auf die Gruppe. Es macht sie zuversichtlich und spornt sie an, sich um Ihre Integration zu bemühen.

Andere integrieren

Sehen Sie vor allem das Gute und nicht das Schlechte.

Bemühen Sie sich stets um Zuversicht und Optimismus innerhalb der Gruppe. Blicken Sie bei allen Projekten nach vorne und nicht rückwärts.

Vermitteln Sie dem Neuling Zuversicht. Machen Sie ihm Hoffnung auf eine gute, zufriedenstellende Zukunft in Ihrer Gruppe.

Vermeiden Sie es, den Glauben an etwas bzw. die Hoffnung aufzugeben. Zerstören Sie nicht Ihre Zuversicht und Hoffnung und auch nicht die des Neulings.

Seien Sie davon überzeugt, dass es aufwärts gehen und die Einbindung des Neulings auf lange Sicht sicherlich gelingen wird.

Natürlich sollten Sie nicht blind für Probleme sein. Bleiben Sie in diesem Punkt realistisch, aber betonen oder überbewerten Sie Probleme nicht. Betrachten Sie sie als überwindbar und lösbar.

Wenn Sie selbst optimistisch sind und dies auch zeigen, überträgt sich dies auf andere.

Literatur

Aronson E, Wilson T, Sommers S: Social psychology. London: Pearson 2015

Beebe S, Masterson J: Communication in small groups. London: Pearson 2014

Berdik C: Mind over mind: The surprising power of expectations. London: Current 2012

Cain S: Quiet. New York: Broadway Books 2013

Cohen S, Underwood L, Gottlieb B: Social support measurement and intervention. Oxford: Oxford University Press 2000

Dalai Lama: Beyond religion. Boston: Mariner Books 2012

Dalai Lama: Das Buch der Menschlichkeit. Eine neue Ethik für unsere Zeit. Köln: Bastei Lübbe 2002

Deckert L: Motivation. Hove: Psychology Press 2013

Ferrucci P: The power of kindness. London: Tarcher Perigee 2007

Forsyth D: Group dynamics. Belmont: Wadsworth 2013

Froemling K, Grice G, Skinner J: Communication. London: Pearson 2010

Furedi F: On tolerance. London: Bloomsbury Academic 2011

Gazzaniga M: Who's in charge? Manhattan: Ecco 2012

Gladding S: Groups. London: Pearson 2015

Halvorson HG: No one understands you and what to do about it. Brighton: Harvard Business Review Press 2015

Hallberg B: Networking: New York: McGraw-Hill 2013

Izzo J: Stepping up: How taking responsibility changes everything. Oakland: Berrett-Koehler 2012

Jeffries V: The Palgrave handbook of altruism, morality, and social solidarity. Basingstoke: Palgrave Macmillan 2014

Jussim L: Social perception and social reality: Why accuracy dominates bias and self-fulfilling prophecy. Oxford: Oxford University Press 2012

Klein A: The healing power of humor. London: Tarcher Putnam 1989

Kosslyn S, Rosenberg R: Introducing psychology: Brain, person, group. London: Pearson 2010

Kumar U: The Routledge international handbook of psychological resilience. Abingdon-on-Thames: Routledge 2016

Kunst J, Thomsen L, Sam D, Berry J: We are in this together. Personality and Social Psychology Bulletin 2015; 41(10): 1438-1453

Laitinen A et al.: Solidarity. Lanham: Lexington Books 2014

Lawrence-Lightfoot S: Respect. New York: Basic Books 2000

Maslow A: A theory of human motivation. Psychological Review 1943; 50: 370-396

Meshanko P: The respect effect. New York: McGraw-Hill 2013

Myers D: Exploring social psychology. New York: McGraw-Hill 2014

Myers D, Abell J, Sani F: Social psychology. New York: McGraw-Hill 2014

Nettle D: Personality. Oxford: Oxford University Press 2009

Pettigrew T, Tropp L: When groups meet. Hove: Psychology Press 2011

Rink F, Kane A, Ellemers N, Van der Vegt: Team receptivity to newcomers. Academy of Management Annals 2013; 7(1): 247-293

Robbins M: Focus on the good stuff – the power of appreciation. Hoboken: Jossey-Bass 2007

Ryan MJ: The power of patience. Newburyport: Conari Press 2013

Salas E, Estrada A, Vessey W: Team cohesion. Bingley: Emerald 2015

Schein E: Helping. Oakland: Berrett-Koehler 2011

Seligman MEP: Learned optimism. London: Vintage 2006

Solomon R, Flores F: Building trust. Oxford: Oxford University Press 2003

Thompson R: Beyond reason and tolerance: The purpose and practice of higher education. Oxford: Oxford University Press 2014

Vlaeyen J: Psychological flexibility. Journal of Pain 2014; 15(3): 235-236

Wilson DS: Does altruism exist? Yale: Yale University Press 2015

Witenberg R: Tolerance. New York: Nova Science 2016

Weitere Bücher und Websites von Marion Sonnenmoser

Aus Psychologie und Psychotherapie

Psychologie und Psychotherapie sind faszinierende Wissensgebiete. Viele Menschen möchten mehr darüber erfahren, wenn möglich aktuell und aus unabhängigen Quellen.

Die Website „aus-psychologie-psychotherapie.jimdo.com" bietet eine Auswahl an Themen aus der klinischen Psychologie und der Psychotherapie. Es werden Links zu Artikeln zur Verfügung gestellt, die sich im Archiv des „Deutschen Ärzteblatts" befinden und von Dr. Marion Sonnenmoser ab 2002 verfasst wurden. Das Angebot wird ständig aktualisiert und erweitert.

Internet: **aus-psychologie-psychotherapie.jimdo.com**

Echt schön – Wie Sie mit Ihrem Körper Freundschaft schließen
Ostfildern: Patmos 2012

Eine krumme Nase, zu viel Speck auf den Hüften oder faltige Haut – kein Mensch ist perfekt. Während die einen auch mit ihrem unvollkommenen Körper ein glückliches Leben führen, leiden andere übermäßig an ihrer Unzufriedenheit mit dem eigenen Äußeren – bis hin zu seelischen Problemen und Erkrankungen. Dass in Werbung und Castingshows nur junge und perfekte Körper präsentiert werden, verschiebt den Blick für die Realität und erzeugt zusätzlichen Druck.

Das Buch „Echt schön – Wie Sie mit Ihrem Körper Freundschaft schließen" macht Mut, sich diesem Schönheitswahn zu entziehen, und erklärt, wie man sich aus dem Teufelskreis der Selbstabwertung befreien und mit dem eigenen Körper Freundschaft schließen kann.
Internet: **www.patmos.de**

Einbruch in die Seele – Wie Sie mit einem Wohnungseinbruch fertig werden
Amazon Createspace + Kindle Edition 2015

Einbrüche sind zu einem großen Problem in unserer Gesellschaft geworden. In nur wenigen Jahren ist die Zahl der Einbrüche sprunghaft angestiegen, und der Trend setzt sich unvermindert fort. Durch Einbrüche entstehen nicht nur finanzielle, sondern auch psychologische Schäden. Einbruchsopfer leiden z.b. unter Ängsten, dem Verlust des Sicherheitsgefühls und dem Eindringen in ihre Privatsphäre.

Das Buch „„Einbruch in die Seele – Wie Sie mit einem Wohnungseinbruch fertig werden – ein Selbsthilfebuch" und die Website „einbruch-in-die-seele.jimdo.com" geben Einbruchsopfern Informationen über Einbrüche und Einbrecher an die Hand. Sie klären über psychologische Schäden durch Einbrüche auf und stellen Strategien vor, um nach einem Einbruch seelisch wieder ins Gleichgewicht zu kommen.
Internet: **einbruch-in-die-seele.jimdo.com**

Heimweh bei Kindern vorbeugen und verringern

Amazon Createspace + Kindle Edition 2016

Viele Kinder und Jugendliche, die ohne ihre Eltern verreisen, bekommen Heimweh. Es gibt jedoch zahlreiche Möglichkeiten, um Heimweh vorzubeugen und es während einer Reise, eines Ferienlagers, einer Freizeit, eines Schüleraustausch, eines Au-pair-Jahres und bei sonstigen Auswärts-Aufenthalten zu verringern.

In dem Buch „Heimweh bei Kindern vorbeugen und verringern – Ein Ratgeber für Eltern, Lehrer und Betreuer" und auf der Website „heimweh-bei-kindern.jimdo.com" wird beschrieben, wie Eltern, Lehrer und Betreuer Kindern bei Heimweh effektiv helfen und auch bei sich selbst Heimweh verhindern können.

Internet: **heimweh-bei-kindern.jimdo.com**

Schluss mit Heimweh – Was Sie gegen Heimweh tun können

Amazon Createspace + Kindle Edition 2014

Heimweh ist weit verbreitet. Nicht nur Kinder und Jugendliche leiden darunter, sondern auch Erwachsene. Viele wissen jedoch nicht, was sie gegen Heimweh tun können.

In dem Buch „Schluss mit Heimweh – Was Sie gegen Heimweh tun können – ein Selbsthilfebuch" und auf der Website „schluss-mit-heimweh.jimdo.com" wird beschrieben, was Heimweh ist, wie man es vermeidet und wie man damit fertig werden kann.

Internet: **schluss-mit-heimweh.jimdo.com**
English version: **bye-bye-homesickness.jimdo.com**

Bye-bye homesickness – How to cope with homesickness
Amazon Createspace + Kindle Edition 2014

Homesickness is very common. Not only children and teenagers suffer from it, but also adults. However, many people don't know how to combat homesickness.

The book „Bye bye homesickness – How to cope with homesickness – A self-help book" and the website „bye-bye-homesickness.jimdo.com" contain information about homesickness, e.g. how to avoid and reduce it and how to cope with it.

Internet: **bye-bye-homesickness.jimdo.com**

deutsche Version: **schluss-mit-heimweh.jimdo.com**